ヤマケイ文庫

山の仕事、山の暮らし

Takakuwa Shinichi

高桑信一

Yamakei Library

山の仕事、山の暮らし

目次

地図製作＝株式会社千秋社

写真＝高桑信一

はじめに

　滝をひとつ越え、瀬音を楽しむようにして流れを遡ると広い台地に出た。渓の奥に残雪を戴いた県境の尾根が横たわり、燃えあがる緑の森の向こうでカッコウの声が谺《こだま》していた。青い空から、春の光がまっすぐに降っていた。

「まるで桃源郷のようだね」

　私は思わず仲間たちに呟いた。

　流れにほど近い広場の隅にゼンマイ小屋があった。小屋の前に大きなビニールシートが何枚も敷かれ、褐色に縮んだ、おびただしいゼンマイが干されていた。そのビニールシートの上で、ひとりの女性が一心にゼンマイを採んでいた。絣《かすり》のモンペに絣の作業着を着て手甲《てっこう》を付け、日よけの菅笠をかぶっていた。それはまるで一枚の絵であった。森と流れとそのひとが、ひとつの風景を醸しだしていた。

　私たちに気づいた彼女は、作業の手を休めてふり返った。

「どこからきやった。お茶でも呑んでいったらいいべ」

そう声をかけてくれたのである。

午後の早い時間だったが、ゼンマイ小屋の暮らしに初めて接した私たちは、その言葉に甘えて広場の一角をテントの場所に借り受け、夕暮れまでのひとときを、邪魔にならないようにして作業を見させてもらった。やがてご主人が、ゼンマイを山ほど背負って小屋に戻った。ゼンマイの綿を取り、大きな釜で茹で上げ、鮮やかな緑に染まったゼンマイを広げて干した。電気も水道もガスもなく、営林署から払い下げられたブナの薪木と、小さなラジオと、粗末な小屋が、彼らふたりの空間だった。

夕方、彼女がやってきて、ウイスキーの瓶に入った白い液体を差し出した。

「口に合わないかも知れねえな。嫌なら捨ててけやれ」

それはドブロクだった。小屋で仕込まれた逸品である。私たちは、その白い液体を押し戴いた。捨てるなど、とんでもなかった。それが長谷部《はせべ》昭信《あきのぶ》さんと房子《ふさこ》さん夫妻との、初めての出会いだった。

長谷部さんの小屋場は只見の奥山にあった。近くを、会津と越後を結ぶいにしえの八十里街道が走っていた。小屋場のそばを裏街道が通っているという説があり、その裏街道を探しあてるのが私の目的だった。長谷部さん夫妻を知ってから、私は春を待ちわびるようにして小屋場にかよった。ドブロクの容器はウイスキーの瓶から鍋に代わり、ついには小屋に泊めてもらって酌み交わすまでになった。

一度でいいから連れて行け、という執拗な私の申し入れに辟易した長谷部さんが、「それじゃ、行ってみるか」と私をゼンマイ採りに誘ってくれたのもそのころだった。クモケツと呼ぶ、ゼンマイを入れる袋を背負って後に続く私を、長谷部さんは自在に連れまわした。沢と沢のあいだの尾根という尾根に、鉈目《なため》で刻まれた径《みち》があった。沢で折ったゼンマイを尾根の上で集結し、最後にまとめて背負い下ろすための径だった。ゼンマイ採りも末期のころで、彼はそのまま私を、県境を越えて新潟側の源流にまで導いた。その自在な山あるきを見たときの驚きを、私はいまだに忘れない。

いっぱしの登山家をきどった私は、夏は沢登りしかしてこなかった。登山道を外れ、渓谷から頂を目指したとはいえ、それは山麓から山頂までの、点と点を結ぶ線でしかなかった。そんな私に、長谷部さんは面としての山を教えてくれたのである。その、山頂にこだわらない広がりのおもしろさと豊かさを知った私は、前にも増して足繁く只見にかよった。いにしえの古道など、もうどうでもよくなっている自分がいた。その翌年、小屋場に向かう私を待っていたのは主なき無人の地であった。春の光が、変わることなく降り注いでいた。

長谷部さんは、ただのゼンマイ採りではなかった。経営効率と合理化の精神をゼンマイ採りにまで持ちこんだひとは、彼をおいてほかに知らない。ただ山が好きだというだけでゼンマイ採りをしていたのではない。収穫量と歩留まりの差、小屋で使う資材の経費と収入の比較、積雪量と温暖化の関係性。そうしたあらゆる検証の果てに、彼らはあれほど好きだった山から降りたのである。食うためだけで小屋を営むゼンマイ採りたちに比べ、精神の均衡と経営の両立を求めて小屋に暮らした長谷部さんは、際立った存在であった。

山とひとは永遠ではない。山に精神の支えを求め、山から生活の糧《かて》を得て暮らすひとびとを描きたい。それは無人の小屋場に立つ私のなかに、強く湧き起こった感情であった。

以来私は相も変わらず、里に降りた長谷部さんの家を訪ね、房子さんの手料理を食べながら、山とひとのあるべき姿を語り合った。私の狙いはただひとつ、本書で取りあげた十九人の山びとの物語りを、長谷部昭信で締め括りたかったのである。テーマは「夫婦ふたりの山里暮らし」である。しかし、それはなしえなかった。写真を嫌い、連絡をくれるわけでもなく、なにひとつ迎合をせず、只見の地にどっかと腰を据えながら、ときにふらりと山に分け入る長谷部さんを、ついに私は捉えきることができなかった。

けれど、この前書きを書くにあたって、どうにかそれらしい帳尻あわせをしたつもりがある。ここにあるのは、十九とひとつの物語りである。

只見のゼンマイ採り

菅家喜与一

「貉《むじな》ヶ森山《もりやま》」

会津と越後を接する稜線上にある標高一三一五メートルの小さな山だが、その名を示されて「ああ、あの山か」と答えられるのは、登山者でも数少ない。山容を思い浮かべられる者はさらに少なく、頂に立った者に至ってはほんのひと握りにすぎなくなる。

南東には上田哲農《てつの》の文で知られる笠倉山がピラミダルな姿で端座している。ともに山岳雑誌などで「秘められた山旅」「不遇の山々」という企画がなされたおりにしか陽の目を見ない地味な山である。

「日尊《ひそ》ノ倉山《くらやま》」「雲河曽根山《うんかそねやま》」といった摩訶不思議《まかふしぎ》な名の山たちに囲まれて、貉ヶ森山はながく孤高を保ってきた。

貉ヶ森山と雲河曽根山の水を集めて滝沢川が流れ、只見川に注ぐ。私たちが好んで

退院した菅家喜与一を自宅に訪ねた。
一徹な風貌が無念を宿していた。

かよった只見川中流部の左岸に位置する谷のなかで、滝沢川がもっとも険しい谷だった。

険悪な滝場を越えた二俣に、古くからゼンマイ小屋が拓かれていた。この小屋の存在を知ったのは、十年以上も前である。蒲生《がもう》川を遡り、雲河曽根山を越えて滝沢川を下降したおりに、一夜の宿を二俣の台地に求めた。狭隘《きょうあい》な谷間のなかで、そこだけが雛壇《ひなだん》のように明るくのびやかで、安全な空間だった。

台地の上端に粗末な小屋掛けがあった。六月末のことで、ゼンマイ採りの時季も過ぎて小屋にひと気はなく、ゼンマイを干すための広場はいちめんのワラビに覆われていた。食べごろのワラビを摘み、焚き火の灰で灰汁《あく》をとった。七月ワラビと呼ばれて珍重される末期のワラビは、太くて粘り気に満ちており、瑞々しい味わいだった。小さな焚き火を囲み、ワラビを肴に酒を酌み交わしていたら、山の端にミルク色の月が昇った。

翌日、二俣下流のゴルジュを避けて右岸のゼンマイ径《みち》を下った。ひどい悪路で、平均斜度三十度を超える険しい山腹を、径形《みちがた》とおぼしき条痕が果てなく続いた。径というにはあまりに粗末な代物で、平らに均してあるわけでもなく、消えぎえに続く鉈目《なため》が唯一の標《しるべ》だった。

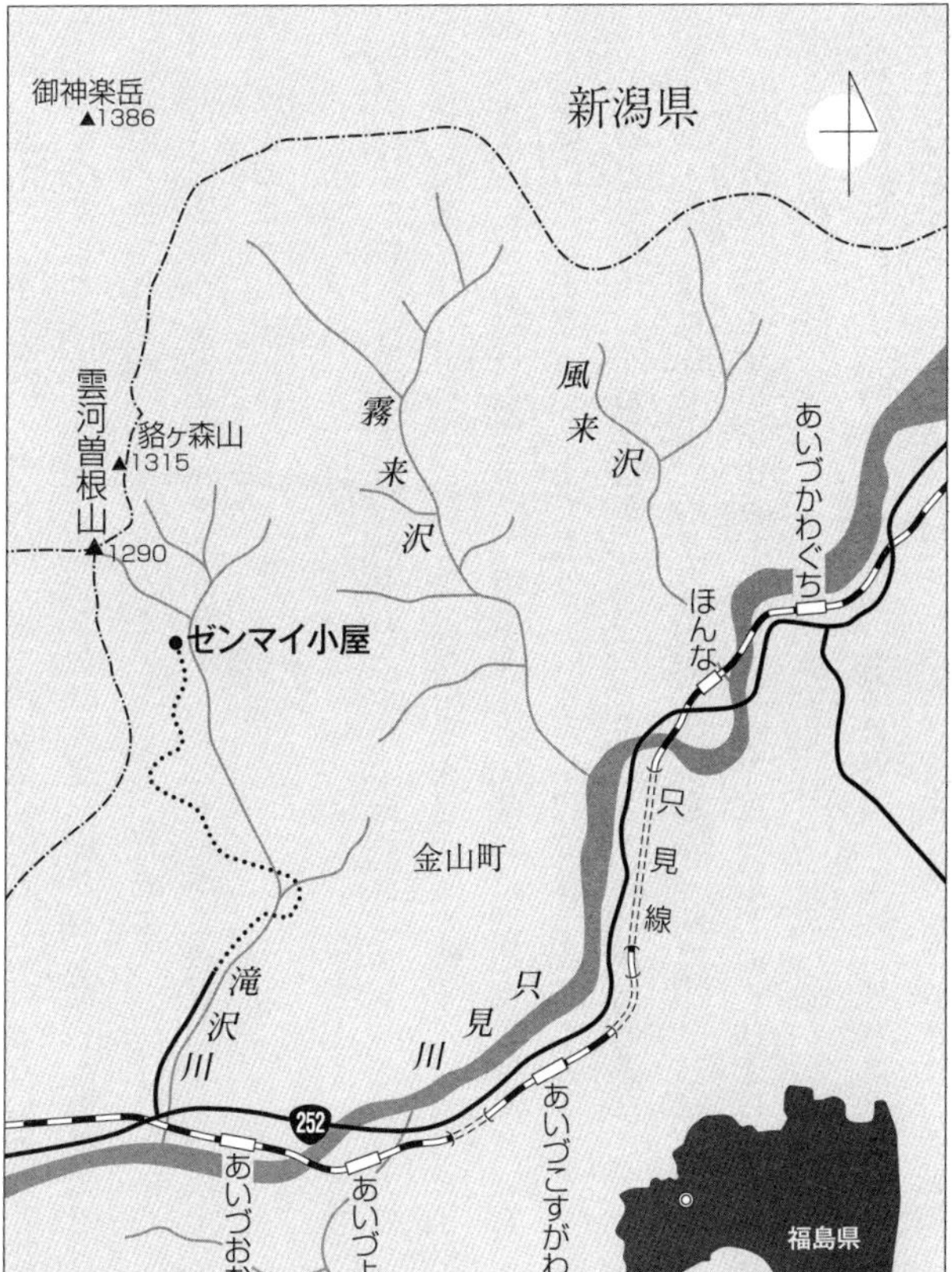

御神楽岳
1386
新潟県
雲河曽根山
1290
貉ヶ森山
1315
霧来沢
風来沢
ゼンマイ小屋
あいづかわぐち
ほんな
只見線
金山町
滝沢川
只見川
252
あいづこすがわ
あいづおおしお
あいづよこた
福島県

常に灌木にすがっていなければ一歩を踏み出すことすら叶わない険悪な径を、彼らゼンマイ採りたちは体重に近い製品を背に往還を繰り返していたのである。流域一帯に張りめぐらされたゼンマイ径のなかでも最悪の径だった。

以来、私はいく度もこの谷を訪れたが、いつも時季を違《たが》えて、ついに小屋の主に出会うことがなかった。

会越《あいえつ》国境の谷に魅かれて沢旅を重ねた十年のあいだに、ゼンマイ採りたちは歳を追うごとに山を離れていった。高齢化と後継者不足からである。成長した子供たちが一家を構え、自身が隠居してよい環境の変化も山離れに加速度を与えていた。なにより作業環境が厳しすぎた。いまでも毎年数人が事故で死亡することがある。残ったのは、高収入の魅力に抗しかねる者か、純粋に山が好きで離れがたい者だけだった。

ゼンマイ採りには帰り山と泊まり山の二態がある。帰り山は日帰りのゼンマイ採りで、泊まり山は山中に小屋掛けしてゼンマイを採り、製品に仕上げてからこれを下ろす形態をいう。

私の興味はひたすら泊まり山にあった。彼らはこの国に残された数少ない山びとだったからである。そこには文明はなかったが文化があった。私たちが見失ってしまった自然との揺るぎない原点があった。

ひとと自然は対等ではない。共存しているのでもない。自然があって、はじめてひとは存在する。ひとは自然によって生かされているのである。

現代にあって彼らは好んで簡素な生活を営んでいた。ラジオが日々の暮らしを慰める唯一の文明で、夜はランプを灯し、煮炊きやゼンマイを茹でるのにも払い下げられたブナを用いていた。便利な生活を求めて物資を持ち上げるのではなく、山で暮らすためになにが必要なのかを、山との調和のなかに求めていく暮らしぶりだった。

私は彼らとの出会いを、里に家を訪ねるのではなく、山中に求めてきた。ゼンマイ小屋でくつろぎながら私たちを招き入れる彼らには、なんの警戒も構えもなかったからである。そこには、自然によって磨かれた無垢な山びとがいた。


ゼンマイ採りに憑《つ》かれた彼らが、後継者の得られぬまま、ここ数年のうちに途絶えていくのは明らかだった。正月の二日には村の神社に詣でて、その年の山暮らしの無事を祈り、山に入ると小屋に近い手ごろな樹木を村のご神木に見立てて朝夕に柏手《かしわで》を打つ。そうした山びとの素朴なしきたりも、やがて埋もれていくに相違なかった。

私はいつしか、滅びゆく会津のゼンマイ採りの実態を、つぶさにこの眼に焼き付けておきたいと願うようになった。

ゼンマイ採りが山に入る時季は、残雪の多寡にもよるが、おおむね春先の一ヵ月前後である。私はゼンマイ採りが流域から消え果てるその日まで、毎年この時季を、現存するすべてのゼンマイ小屋めぐりに費やすことにしたのである。


谷間にまだ雪の残る五月の下旬、蒲生川と叶津《かのうづ》川のゼンマイ採りが小屋入りするのを見定めて、私は滝沢川を訪れた。なにより十年間出会うことの叶わなかった、孤高の小屋場の主に会いたかった。

滝沢林道の終点に車を置いて山径を歩きはじめると、芽吹きはじめた雑木の山肌に人影が垣間見えた。帰り山のゼンマイ採りたちだった。幽沢の丸木の橋をわたり、山の神の岩屋を過ぎて二《に》ノ平《ひら》の河原に出る。径はここから、滝沢川をいく度か渉《わた》り返して続き、徒渉点のすべてに細引きが架けられていた。それはゼンマイ採りたちのものに違いなかった。

径は右岸に渉り、急な斜面を登ってから水平に延びていた。整えられた径で、このぶんでは案ずることもないと思ったその矢先、径は険しい岩場に出て忽然と消えた。乏しい踏み跡が沢床に続き、その周辺を隈なく探しても、ついに径は消え果てたままだった。以前に下った記憶を頼りに、遙かな高みまで登ってみたが、徒労であった。

谷は雪解けの水で溢れ、ところどころにスノーブリッジを架けて遡行を阻んだ。私たちは険しい岩肌のトラバースを続け、前方に滝を見い出した地点でその日の行動を打ち切った。流れのかたわらに立つブナの巨木の根もとのわずかな平地がその日の宿だった。

もう私は、ほとんど彼らとの出会いを諦めていた。あれからいく度も斜面を上り降りしたが、ついに彼らの痕跡を見い出せなかった。彼らを取り巻く厳しい現状を思えば、とうに山を捨て去ったとしても不思議はなかった。

翌日、目前に続くいくつもの雪渓と滝を越えてようやく二俣に着いた。そこには予想を覆す光景があった。小屋はまだ畳まれたままだったが、荷上げされた資材や食糧がビニールシートに覆われてかたわらに積まれていた。私たちは茫然として佇んだ。忽然と湧いたかに思えた。人影はなかった。山深く険しいこの谷は、只見よりも小屋を開く時季が遅いらしく、小屋入りに備えて荷上げを済ませた段階だった。小屋の上下にゼンマイ径が続いていた。

滝沢川の左俣を遡り、雲河曽根山を越えて蒲生川に降りる計画を、私たちはあっさりと放棄した。こうなると是が非でも小屋の主に会わねば気が済まなかった。そのためにはゼンマイ径をいまいちどたどり、迷った地点の確定をして次回の小屋場への道のりを見定めておく必要があった。

径は以前にも増して荒廃の度合いを深めていたが、真新しい鉈目が私たちを導いてくれた。鉈目を信じなければとても径とは思えないかすかな切り開きだった。

径は前日私たちが探し登った地点よりも遙かに高く、稜線を間近に望む斜面を迂回《うかい》していた。見つからないはずだった。ブナの林を抜け、支流の源頭をいくつも横切ってから、径はやがて私たちが迷った岩場の上端に降り続いた。呆れたことに、岩場の真んなかに延びた水の流れる岩溝が登路だった。迷うのも無理はなかった。

下りきった径のかたわらのブナに印の切り付けを残して、私たちは山を降りた。

翌週、私は仲間のひとりを伴って再び滝沢川を訪れた。あいにくの雨で、遅い出発になったが、五日前に下ったばかりの勝手知った径をゆっくりとたどった。ブナの新緑が深まりを増し、ヤマツツジやカタクリの花弁が、降り注ぐ雨滴を受けて鮮やかに色を放っていた。

二俣の小屋場に着いたのは昼を少し過ぎたころだった。粗末だが、頑丈そうな小屋が建てられていた。

やっと会える。私はザックに入れた土産《みやげ》のウイスキーに想いをめぐらしてから、恋人にでも逢う思いで、ゆっくりと小屋に向かって歩みを進めた。

「菅家喜与一《かんけきよいち》」七十歳。福島県大沼郡金山町《かねやままち》滝沢字久保四三八番地在住。滝沢川二俣のゼンマイ小屋の主である。先代からの小屋を受け継いで、すでに三十年を超える。昔はもう一軒あったというゼンマイ小屋も遙か以前に山を捨て、長いあいだ菅家喜与一がひとりで山を護ってきた。尾根を挟んで前後する塩沢川や霧来沢《きりきた》から、ゼンマイ採りの小屋が消えて久しい。蒲生川と叶津川に、あわせても十軒足らずの小屋が営まれているだけで、滝沢川から下流の只見川には、もはや小屋掛けのゼンマイ採りは残存していなかった。いわば菅家喜与一は、奥会津のゼンマイ採りの孤塁を護ってきたといってよかった。

先週、私たちは里に降りてから小屋場の主を調べ、彼を自宅に訪ねた。奥さんが出て来て、二日前に荷上げを済ませ、明日小屋入りするのだ、と答えた。夜の七時ごろだったが、明日の小屋入りに備えて菅家喜与一は、すでに床についたあとだった。

やさしく降る雨の下で、小屋は森閑と静まっていた。小屋から続けてビニールシートが張られ、その下が作業場になっていた。釜のかたわらに茹で上がったばかりの極太のゼンマイが、荒縄で結わえて置かれていた。

この雨のなかを、ゼンマイ採りに出掛けたのだろうか。私たちは無断で作業場に入りこみ、雨宿りをしながら主の帰りを待った。

彼の家で訊いた奥さんの話は衝撃だった。私は当然のごとく夫婦で小屋入りするものと思っていた。だが、菅家喜与一はひとりで山に入っていたのである。以前は夫婦で小屋を開いていたが、歳老いていくにつれて条件は苛酷になっていった。径の険しさが拍車をかけた。奥さんは小屋を閉じることを勧めたが、彼は聞き入れず、ついに彼女は五年前から小屋入りをしなくなった。自分が同意しなければ、彼も小屋を閉めざるを得ないだろうと考えたのである。

しかし、菅家喜与一は小屋入りを続けた。足の不自由な弟を連れ出したのだ。それも三年前に弟が小屋入りを拒み、以来老人はひとりで小屋を護り、ゼンマイ採りを続けてきた。

「俺は死ぬまでゼンマイ採りだ。死ぬまで山は捨てねぇ」

それが口癖だ、と奥さんは自嘲気味に菅家喜与一の言葉を伝えてくれた。

壮烈な生きざまだった。

菅家喜与一が、たったひとりで建てたゼンマイ小屋は、そぼ降る雨の下にひっそりと静まっていた。右が綿を取る作業場で、左が居室である。

ゼンマイ採りは、夫婦ふたりの共同作業が基本だ。夫がゼンマイを折り、妻はそれを天日で乾かしていく（叶津川、引き入れ沢の小屋場にて）。

暮れ方になっても主は小屋に戻らなかった。異変があったのかも知れなかった。来たときから様子がおかしかった。鍋で炊かれた飯が、ほんの少し手をつけられたまま風雨で蓋が飛ばされ、雨だれに弾かれた砂礫《されき》に覆われて放り出されており、ゼンマイを入れる背負い籠も軒先に吊るされたままだった。小屋のなかは雑然としていて、畳まれた布団のあいだに干し上がったゼンマイが仕舞いこまれていた。

急用があって山を降りたか、作業中に事故に遭ったか、いずれとも判断しかねた。雨は降り続き、闇の訪れを機に私たちは小屋に入った。ランプを灯し、雨音を聴きながら彼の身を案じた。

翌朝になっても菅家喜与一は戻らず、周囲の沢筋を探したあと、急を報《しら》せに山を降りた。干し上がったゼンマイと、茹でたばかりのゼンマイを下ろしたものかどうか迷ったが、消息の知れぬうちは、たとえ好意といえど手を触れることに戸惑いがあった。菅家の意志をけがすように思えたのである。

彼は予定通りに月曜の午前には、小屋入りをしていた。天候に恵まれなかったこの春の山で、それでも懸命にゼンマイを採り続け、干し上げる作業に没頭したが、四日目の木曜日になって急に持病の肝臓の発作に襲われて、着のみ着のままで這《は》うように山を降りたのだった。死ぬほどの苦しみだったという。彼はそのまま、会津若松の病院に緊急入院していた。

——来年も頑張って小屋に入って欲しいと勝手に願ってますが、難しいでしょうね。菅家喜与一の無事を確認してから、私は若いあと継ぎに訊ねた。彼は苦笑混じりに「本人の気持ちだけではどうにも」と答えた。荷上げも彼が付き添い、このたびの後始末も彼がせざるを得ないだろうという。

周囲の反対を押し切ってきながら、その好意にすがらざるを得ない歳月だった。それは菅家喜与一にとって、痛恨の下山に違いなかった。

私は二度にわたる擦れ違いを繰り返したあげく、ついに菅家喜与一に会えなかった。これもまた痛恨であった。これでまた、ひとつの流域からゼンマイ採りが消えた。その厳然とした事実が、私をひどくやり切れない思いにしたのであった。

（取材：一九九二年　初出：「渓流」一九九三年夏号）

南会津の峠の茶屋

中村源治

「うちは四面焼きなんですよ」

――四面焼き……ですか？

一瞬、私は意味がわからず問い返した。彼の手は、流れるように岩魚《いわな》を捌《さば》き続けている。

「前と後ろで二面。ほかならそれで焼きあがりでしょうが、うちはさらに左右両面で四面。そこまで焼くと、頭から食べられる岩魚が焼きあがるんです」

囲炉裏《いろり》に山のように炭火が惜しげもなく熾《おこ》され、まわりに串に刺された岩魚が整然と並べられていく。

この囲炉裏だと、一度に五十尾が精一杯だという。焼きあげるのに一時間十分から二十分はかかる。かならず前、つまり腹のほうから焼く。そうするとまず腹が開き、内側から籠もった熱が岩魚の全身にいきわたる。それから裏返して背を焼き、さらに

囲炉裏の炭火のまわりを岩魚で囲んで熱を籠らせ、
長い時間をかけてじっくりと焼き上げる。それが中村源治の四面焼きの真髄。

火から遠ざけて左右両面に火をあてる。絶対に焦げさせてはならない。

「私は岩魚を焼きはじめると、もうなんにもしないんです。ただもう焼くだけ」

「焼きあがるまでは誰にも触らせないんですよ」

かたわらで奥さんの武子さんが苦笑する。

岩魚の焼け具合、裏返すタイミング、前後左右の順序と、すべてが決まっている。だから、なにも知らないお客さんに好意ででも手を出されると、焼きあがりが台無しになってしまう。

——ここの名物は「岩魚の塩焼き」ということになりますね。

「そう、岩魚だけを食べに来てくれるお客さんがずいぶんいます。ここの岩魚を食べると、ほかの岩魚が食べられないっていってくれますね」

現に、ここの岩魚が食べたくて、今年の営業を数日前に終えた晩秋のこの日、特別に注文をしてきた馴染みの客がある。目の前の六十尾の岩魚は、その注文の品であった。

「峠の茶屋」の主人、中村源治は、囲炉裏のかたわらに陣取って岩魚を焼きながら、少年の目で語り続ける。

「べつにどこで焼き方を教わったわけではないんです。どうしたらおいしい岩魚が焼

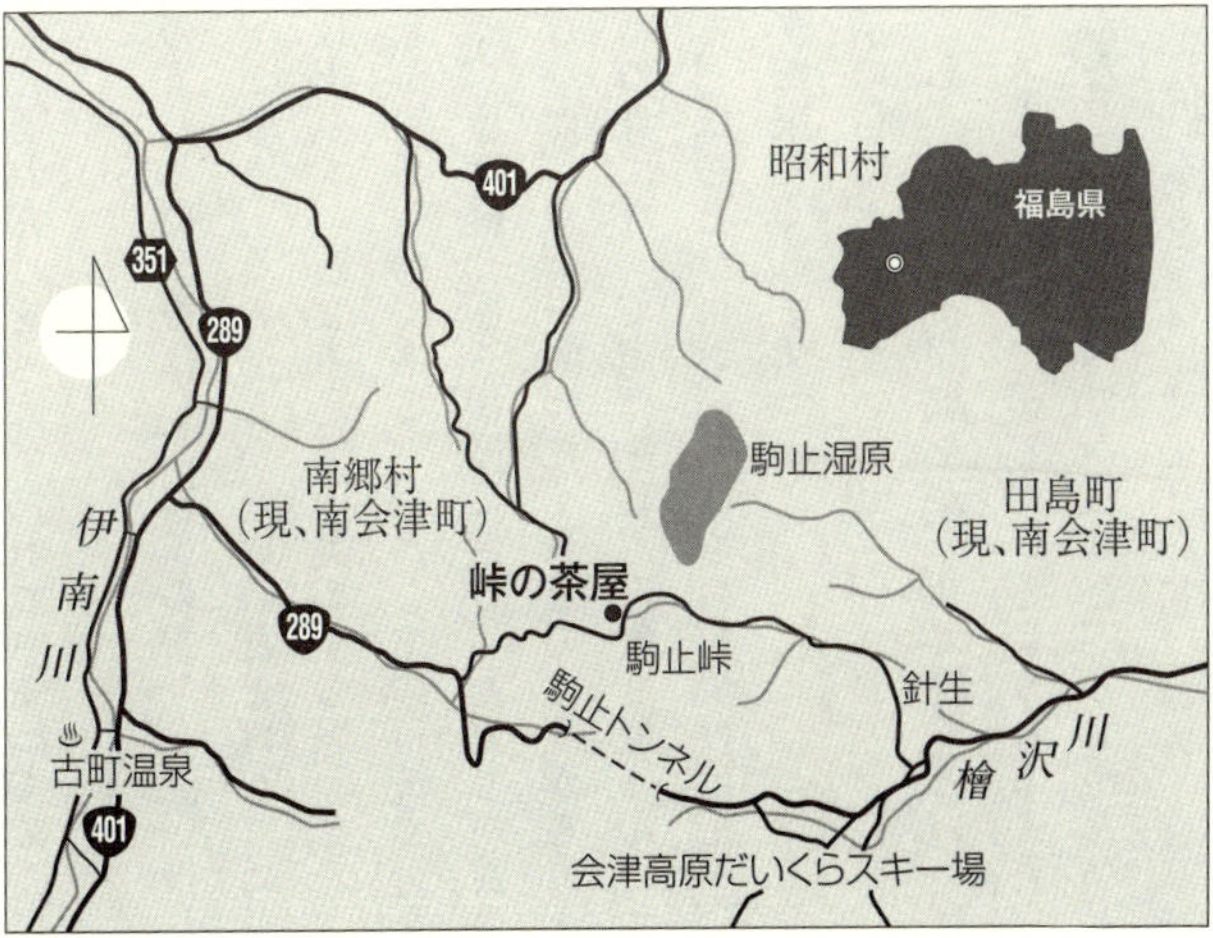
昭和村
福島県
401
351
289
南郷村
（現、南会津町）
駒止湿原
田島町
（現、南会津町）
伊南川
峠の茶屋
289
駒止峠
駒止トンネル
針生
古町温泉
401
檜沢川
会津高原だいくらスキー場

けるか、ただそれだけを考えてあれこれやってみた結果が、この四面焼きだったわけです」

囲炉裏のまわりに、香ばしい岩魚の香りが漂いはじめた。小さな宇宙のなかで炭火がキンキンと鳴り、その形しかないのだとばかりに並べられた岩魚たちが、岩魚本来の形を抜け出して、むしろ造形の美をすら思わせる。

岩魚は新鮮さが生命である。だからその日焼く分を生きたまま運んでもらい、焼く直前に捌く。塩は軽く振る程度に使う。ただし、飾り塩などはしない。新鮮であれば塩は必要ないが、水分を吸ってくれるので、からりと焼きあがるという。

「お客さんの身になって商売をし、岩魚も焼くんです。自分がお客さんの身になって食べてみて、ほんとうにおいしいものを焼けば、べつに宣伝なんてしなくっても、お客さんはまた来てくれます」

中村源治の哲学といっていい。

「ほかじゃあ、濡れた新聞紙をかぶせて焼くといい、なんてやってるようだけど、あれは焼いてるんじゃなくて蒸しているようなもんだと思うんだけどねえ。旅もするから、いろんなところで食べてみるけど、ちょっとひどいのが多いね。お客さんの身になったら、迂闊《うかつ》なものは出せません」

岩魚の体から滲みでた油が滴り落ち、その油が炭火の熱で瞬間的に蒸散して濃密な煙と化し、ふたたび岩魚を燻しあげていく。

そのころになって、ようやく私は自分の不明に気づかされていた。

この茶屋には、もう四、五回立ち寄っていたが、一度も岩魚を頼んだことがない。竿を片手に渓を彷徨う身であってみれば、岩魚はべつに、めずらしくもなんともないのである。まして塩焼き、まして養殖もの、という気があった。それが、つぶさに焼き方を見聞してみると、とてもそんじょそこいらの岩魚の塩焼きとはわけが違う。

――岩魚は塩焼きに始まって塩焼きに終わる――という格言を思い出した。単純なものほど奥が深い。

私は、丹念に焼かれた目の前の、頭から食えるという逸品を、どうしても食べたくなった。

言葉にしようとしたそのとき、

「一尾か二尾、多めに入ってると思ったが、しっかりしたもんで、きっちり六十しか持って来なかったなあ」

目前の囲炉裏に、私の口に入る岩魚は一尾もいないのであった。

「それにしても、あんたは運がいい。たまたま注文があって焼いてるけど、岩魚がいなかったらほかになんにもないから。取材にはちょうどよかったでしょう」

写真の材料に好都合だろう、と彼はいったのだが、私はそうは受け取らなかった。

「いってみれば、岩魚を焼いて三十年、ということになります」

こだわりを積み重ねた三十年の結晶ともいえる岩魚の塩焼きの真髄を見ることのできたあんたは運がいい。私にはそう聞こえたのだった。それほどの技であり、心であった。


「駒止《こまど》峠」

会津田島と南郷を結ぶ国道二八九号線の旧道の峠である。現在はバイパスができてトンネルが通っているが、十年ほど前までは、ひとも車も折れ曲がった旧道を登って峠を越えた。

峠から田島側に、ほんの少し下ったところに「峠の茶屋」がある。駒止湿原までは歩いて五分もかからない。

「峠の茶屋」は旧道に沿った、たった一軒の人家であり、宿である。白壁が、秋の陽や春の新緑を受けて鮮やかに映える。

内部は民家の造りである。それもそのはずで、会津下郷の古民家を買い受けて移築したものだという。広い畳の居間に囲炉裏と障子、長い歳月をかけて黒く染め上げられた太い柱と梁《はり》。古い民具や陶器が雑然と飾られている。それらを眺め、囲炉裏のかたわらに座りこむと、懐かしい安らぎが湧いてくる。

上がり框《かまち》に流水が導かれ、なかにトコロテンがさらされている。注文を受けてから搗《つ》くのである。これにワインの瓶に入ったタレを各自でかける。瓶には杉の葉の栓がしてあって、私は長いこと栓を抜いてからかけていたのだが、それは栓をしたまま使うのだと教えられて、素直に感動した。杉の葉に和らげられたタレが雫になって、トコロテンにほどよく注ぐのである。

コーヒーもまた、注文されてから豆を挽く。囲炉裏にまでコーヒーの香りが漂う。はじめて訪れたとき、こんな山のなかで挽き立てのコーヒーが飲めるとは、なんという贅沢か、と感動した覚えがあるが、おいしいですね、と感想を洩らしたら、なに、水がいいからですよ、と、こともなげな言葉が返ってきた。

「うちはなんでも注文されてから準備します。時間はかかるけど、それがいちばんおいしいんです。だからお客さんには、待てないんなら帰ってくれっていうんですが、だいたいのお客さんは待ってくれますね」

家の造りといい、民具の趣味といい、トコロテンのタレの杉の葉の妙、挽き立てのコーヒー、注文を受けてからの準備。そのすべてが中村源治の主張であり、メッセージである。

「峠の茶屋」は民宿も兼ねている。

——何人くらい泊まれるんですか。

「そうねえ、十五人ぐらいは泊められるんだけど、十人以上は受けないんです。欲かいていっぱいとっても、結局店に客が来れば、泊まりのほうにしわ寄せがいっちゃうし」

どちらが優先ということではないが、店の客数は予測がつかず、まして断ることはできない。だから心配りのおよぶ人数しか泊めないのである。

融資話を持ちこもうと、田島の銀行の幹部が日参したという。しかし彼は、ガンとして首を縦に振らなかった。自分たちの食べていけるものが入ればそれでいい。部屋数を増やしたところで、行き着く先は返済に追われて質が落ちてしまいかねない。目の行き届く範囲で客に接したい。それが中村源治の揺るぎない信念である。

「泊まってくれたお客さんが囲炉裏のまわりに座って、山の話を聞きながらくつろいでもらえるぐらいの人数がちょうどいいんですよ」

ひとりで五年、かあちゃんもらって十年。冬もこの小屋で中村源治は暮らしたのだ。
いまの茶屋は当時のものではなく、建て替えを重ねた三軒目の家である。

冬を待つ晩秋の駒止路に、
下郷の民家を移築して建てた峠の茶屋の白壁が映える。

新潟に生まれた中村源治が、横浜で飲食業に携わったのち、峠の茶屋を引き継いで、この十二月（一九九三年）で丸三十年になる。

田島と南郷を結ぶこの道は、双方にとって当時は生命線であった。ひとも荷物も、すべてこの峠を越えたのである。

明治時代には、郵便物を運ぶ逓送隊《ていそうたい》というものがあった。そのいわば専門家が、遭難して死者を出したほどの峠である。それほど険しい道だった。峠には小屋が設けられた。お助け小屋である。

やがて車が通り、泊まり客も減って、前任の小屋番である檜枝岐のひとが撤退を申し出て、中村源治がそのあとを継いだ。二十三歳の秋である。地元の要請もあったが、いまでいう観光ブームの欠けらさえなく、成算はなにひとつなかった。

「たったひとりで小屋に入って五年、それからかあちゃんもらって十年、あわせて十五年。冬もここで暮らしたんですよ」

――いくらお助け小屋といっても、冬場の客なんてあったんですか。

「いわゆる寝食いです。客なんてほとんどない。多い年は七メートルも雪が積もります。そのうち除雪のひとが常駐するようになって、なんとか凌《しの》げるようになったけど、それまでは夏のあいだに稼いだ金を冬場で食い潰して、その借金を返すのに夏また稼ぐ。その繰り返しでしたね」

三十年前の宿代はいくらでしたか、と訊ねたとき、思いがけない言葉が返ってきた。

「私は、いくらいくらって請求したことがないんです。お助け小屋ってこともあったし、一汁一菜でしたからね。当時の相場の金を置いていくひともあったし、持ち合わせがないって商売ものを置いてくひともいましたから」

そういって中村源治は、部屋の隅に視線を投げた。そこには時代物の椅子が一脚置かれていた。三十年前の客が置いていった現物である。いまでもそれは、使い続けられている。

――トンネルができて、客が減ったということはないですか。

意地の悪い私の質問を、彼は言下に否定した。

「いや、それはないです。むしろ増えたぐらいじゃないですか。それに、冷やかしの客が減りました。いまはほとんど馴染みのお客さんです」

すべての通行客が、必然的に峠を越えた当時は、ずいぶんと質の悪い客もいたらしい。しかしいまはトンネルを抜けるかぎり、旧道を通る必要は百パーセントといっていいほどない。旧道に分け入るのは、駒止湿原を訪れる者か茶屋の客、あるいはその双方に立ち寄る者のいずれかである。あとは静かな山道を楽しみたいひとたちが、わずかに加わるかも知れない。

車の通行客から見放されたはずの峠の茶屋が、逆にみごとに、そして鮮烈に客の選別をしてみせたのである。

「うちは、峠のなんとかっていう冠をいっさい付けなかったんです。峠にある茶屋だから峠の茶屋、それでいいんです」

そういえば、南郷側の山口集落と、田島側の針生《はりゅう》集落の双方の旧道の入り口には「駒止湿原」の標識があるばかりで、「峠の茶屋」の看板はどこにも見当たらなかった。意図したものかは聞き漏らしたが、それもまた中村源治の反骨に違いあるまい。

囲炉裏の部屋の長押《なげし》の上には、駒止湿原の写真が並ぶ。すべて彼の作品である。茶屋を引き継いだ当時、駒止湿原は地元のひとにわずかに知られる程度の存在でしかなかった。彼は湿原をひと目見て、これは護らねばならない、と直観して以来、湿原の監視員を続けてきた。

茶屋と湿原は相互補完の形だという。茶屋は本来、お助け小屋だったのであり、湿原はたまたまその近くにあったにすぎない。湿原に来た客が茶屋に寄り、茶屋に来た客が湿原に足を運ぶ。そういう共生をしてきた、というのである。

彼はまた、田島の「南稜会」という山岳会のメンバーでもある。奥さんの武子さんとは七《ななつ》ヶ岳の町民ハイキングで知り合った。おなじ中村姓がきっかけだった。

その話になると中村は、とたんにいや、まあ、などと歯切れが悪くなる。男はいずこも、この手の話は苦手なものらしい。

「俺なんかよりも、かあちゃんのほうがよっぽど商売向きだ」

と中村はいう。

最高の伴侶を得たからこそ、やってこれた三十年に違いない。

「自然のなかで暮らすのが好きだったしね。なんの見通しもなくてはじめた仕事だけど、こうなったらここで骨埋めたいって思ってますよ。どこへ行けっていわれても、もうどこにも行くとこもないしね」

「定年もないしねえ、まだ二十年ぐらいは頑張れるでしょ」

武子さんがそういって、屈託なく笑う。

標高千メートル。忘れられた峠道。湿原が間近に控え、会津駒ヶ岳が遙かに望まれる。蚊もいない。別荘暮らしと評される。その峠から三十年のあいだ、彼は世間を見据えてきたといっていい。

「わがままだっていわれます。ひとに指図されるのが嫌いなんですよ」

それでいいのである。自身の発動に忠実に生きる。その生き方と、その結実ともいえる峠の茶屋が、ひとを惹きつけるのである。

「峠の茶屋」の中村源治は、最後にこういい添えた。

「見通しなんてなにひとつなかったけど、苦しいとか、辛いとか思ったことは一回もなかったですね」

それは峠を護り続けた中村源治の自負なのかもしれなかった。

（取材：一九九三年　初出：「渓流」一九九四年春号）

小屋を護り、中村源治を支えたのは、
武子さんの献身と愛であったろう。

川内の山中、たったひとりの町内会長

渡辺慶作

新潟県東蒲原郡村松町《ひがしかんばらぐんむらまつまち》（現、五泉市《ごせん》）の南方に川内《かわち》山塊が聳える。聳えるといっても、たかだか千五百メートル足らずの山波に過ぎないが、登山道は皆無に近く、渓と側壁の険しさに加え、ヤマビルとメジロ虻《あぶ》の存在によって、訪れるひとを容易に受け入れない山塊として名高い。

山塊に深々と、えぐりこむように三本の渓が喰い入っている。早出《はいで》川本流と、支流の杉川と仙見《せんみ》川である。その三本の渓が、川内山塊の峻烈な骨格を形成しているといっていい。

仙見川の中流に沿って夏針《なつはり》の集落がある。流域で唯一残る集落である。夏針のさらに上流四キロメートルのあいだに、桑沢・仙見・門原《かどはら》という、かつての村落が点在している。いずれも昭和四十年代に全戸離村したとされているが、その最奥の集落、門原に、いまなお住み続けているひと組の老夫婦がある。渡辺慶作《わたなべけいさく》夫妻である。

たったひとりの町内会長、渡辺慶作は、
矍鑠として自在であった。

川内の渓を往還する途次に、立ち寄って山の情報を聞いたり、お茶をいただく付き合いになっていた私は、次第に村の没落の歴史と、その村を守る彼の心のありかを知りたいと願うようになっていた。

月遅れの七夕の日、私は門原に渡辺慶作を訪ねた。

渡辺の家は仙見川を目前に見下ろす高台にある。夏針からの車道は家の前で尽きて、あとはひとひとりたどれる程度の小径《こみち》が上流に続いている。養蚕部屋のあった総二階で八十坪という家屋は、現在の住まいにしている台所の一部を残して跡形もなく、わずかに土台の石垣が往時を偲ばせていた。その広大な屋敷跡いちめんに苔が覆い、ときおり吹き抜けていく夏風に涼感を与えていた。

玄関の手前に、ユリの群落が植えこんであり、満開の花が強い香りを放っていた。表札と並んで「門原町内会長」の札が掲げられ、それは、ただ一軒になってなお村を守る渡辺慶作の反骨にほかならなかった。

玄関を入った土間の一隅に、彼の本業である造林の道具が整然と並べられ、一方の壁に、いまでは禁じられてしまった川漁の仕掛けのウサガシ網が懸かっていた。

大正四年生まれの七十八歳だという渡辺は、矍鑠《かくしゃく》として語りはじめた。

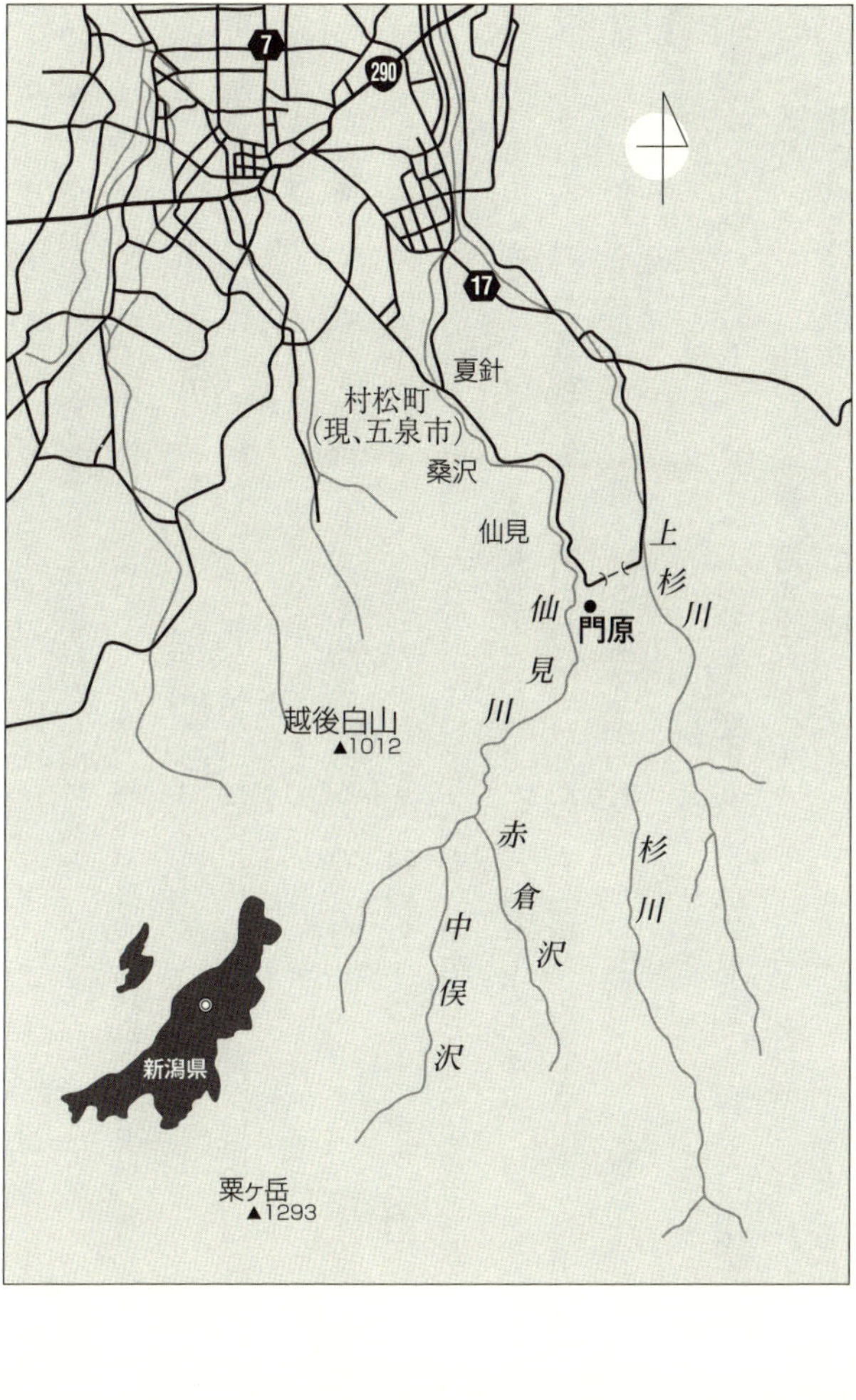

7
290
17
夏針
村松町
（現、五泉市）
桑沢
仙見
上杉川
門原
仙見川
越後白山
▲1012
赤倉沢
杉川
中俣沢
新潟県
粟ヶ岳
▲1293

「村からひとが離れはじめたのは昭和四十年ごろからですかなあ。早くいえば時代の流れです。木炭が売れなくなりました。燃料が石油に変わったですから。

当時は、春のゼンマイ採りにはじまって、それが終わってすぐ養蚕で、お盆ごろから窯《かま》を築いて春先まで製炭をするのが村の生活パターンでした。炭は年間通しての一番の産業だったわけです。それが急に売れなくなったところに来て、新潟地震が起こったもんですから……」

――新潟地震？　それと離村とどういう関係があるんですか。

「地震の復旧作業に人手がいくらでも要ったわけです。村の近くまでトラックで迎えに来ますから通勤可能だし、日銭が入るのがなにより大きかった。それに街の生活を見てしまうもんだから、文化的生活に憧れて無理してここに住むこともないと思うんでしょうねえ。ここで暮らす気力が削がれていったんです。私の知ってるかぎり二十軒というのが有りましたが、一番多いときで二十一軒あったらしいです。最後は十三軒でした」

木炭から石油へ移行したエネルギーの需要の変化と、山域に数多く点在した木炭の一番の需要先だった鉱山の撤退が、離村を促した大きな要因だろうと推測をしてはいたが、引き金を引いたのが新潟地震だったとは思いもよらなかった。

村びとたちは、密かに村松に土地を買って家を建て、家ができると誰にも告げずに、櫛《くし》の歯が欠けるように二軒三軒と門原を去って行ったという。

たった一軒だけになった四十四年、渡辺は見附《みつけ》に家を建てて村を降りた。自分たちだけになってしまった以上、冬場を村で越すことは不可能だった。

数年して冬場の拠点は村松に移ったが、春四月から晩秋まで、持ち山を守るために村で暮らす生活をきょうまで続けてきた。雪起こしから下刈り、枝打ちまで、植林した杉の手入れは欠かせない作業だからである。

「村は捨てましたが、みんな土地は手放してません。ですから、いまでも径刈《みちか》りや補修のときはみんな集まります。愛郷心があるんでしょう」

そういえば来る途中、川向こうの墓地で、お盆に備えて墓掃除をしていたひとたちを目にした。それは村を捨てた彼らの懺悔《ざんげ》に思えた。

春蝉《はるぜみ》の時雨《しぐれ》が、台所を住まいに残した小さな家を包みこむように降り注ぎ、言葉の空白を柱時計の音が刻んでいく。

——笠原さん[註1]も書いていますけど、渡辺さんのころの正月行事は昔のままだったんですか。

「笠原さんはここいらの山持ちでもありましたから、よく知ってます。一緒にクマ撃《ぶ》ちに行ったこともあります。

私らのときは、笠原さんが調べられたころと大分変わっていたようです。なにしろ資料が残ってませんから。ですが、行事は大事にしましたね。

正月は一堂に集まって『結構な春でございます。今年もよろしく』と挨拶します。その前は、一軒一軒まわったもののようです。径で会うと、話がはずんで結局半分しかまわれなかったという話が残ってます。雪道が狭いうえに酔っぱらってますから、滑って道から転げ落ちた、なんていうこともあったようです」

「お盆は旧盆だったですが、杉川の上杉《かみすぎ》とこの下の仙見の三部落で持ちまわって盆踊りをしたもんです。竿の先に自分とこの青年団の名前を書いた提灯《ちょうちん》を下げて、若いもんが男女揃って出向くわけです。着いてから座敷で接待されて、一杯やってから踊りに出ますから、それは賑やかでした。私らのとこは結束がいいから踊りは上手だったです。そうした交流が縁で、嫁いだり貰ったりということもありました。なんにもない村ですから、そんなことが一番の楽しみでした」

「あとはクマ撃ちですね。当時はクマ撃ちに参加するのが一人前の男の証明みたいなもんでした。三月までは穴猟[註2]で、それ以後は巻き狩りです。ブナの新芽を食べに登るクマを狩るんです。ここいらのひとは経験が豊富で、どの沢に追いこめばクマがどこに逃げるかを、ひと足ひと足知り尽くしているもんですから。山に精通した親方の采《さい》配《はい》で、撃ち手から勢子《せこ》まで一斉に動くわけです」

山稜に構えた仮小屋への帰りにクマを見つけると布陣をし直し、首尾よく仕留めると解体と運搬をして、小屋に着くのは午後十時をまわったという。夕食はそれからである。残雪の端から滴り落ちる水を溜めておき、遅い夕食を作るのは若い渡辺たちの仕事だった。

「獲物が捕れると毛石山《けいしやま》のてっぺんで鉄砲撃って合図するんです。四日なら四日の予定で入って、それより早い日に合図があると、こりゃあ獲物が捕れたというわけで、村中総出で酒盛りして待ったもんです。クマ汁を作ったりして大騒ぎでした。クマは捨てるところがないんです。クマの胆《い》は焚き火で燻《いぶ》して水分を取ってから、型にはめて干し上げます。クマの胆のかけらはどこの家にもありましたね」

眼を輝かせて華やぎの時代を語る渡辺は、いく分の昂《たかぶ》りを覚えているかに思えた。

釣りも好きで随分出掛けた。ナイロンテグスのできる前は、スズムシという蚕《かいこ》の一種の幼虫から採った糸を縒《よ》り合わせて使った。いわゆる天蚕糸《てぐす》である。しかし、強度は弱く、流れの向こうで合わせた尺岩魚《しゃくいわな》を、こちらに寄せるのがひと苦労だったという。餌《えさ》は川虫が主体で、蜘蛛やどんぐり虫[註3]も使った。粟《あわ》ヶ岳に突き上げる中俣沢や毛石山の赤倉沢が渡辺の釣り場だった。ともに険谷として知られるが、悪場には必ず逃げ道[註4]があり、丸々と太った仙見の岩魚がそれこそ無尽蔵にいた。

それからしばらく、山の話で賑わった。彼は、戦前から戦後にかけて山域に拓かれた鉱山に一時期勤めた経験から、山塊を無数に走る仕事径に精通しており、私もまた流域の渓をひと通り遡っていた。

昨年遡行したアカシガラ沢の、滝場を越えた平坦な流れに群棲する岩魚を、氷河期の名残りかと問う私に、あれは上杉の物好きが滝下から持ち上げたんだという。あの滝場をかすめて鉱山の径が延びていたのである。

赤倉沢の日影沢は滝上にも岩魚がいたし、そこから中俣沢に通ずる抜け道があった。険しい渓を縫って縦横に延びる径のほとんどが当時の鉱山に通ずる径であり、精錬に供する製炭の径だった。その径はまた、ゼンマイ採りの径でもあった。すべてが融合し、照応した、村びとたちの遺産とも思える径だった。

原生の森に沈みゆかんとする径をたどった私は、はっきりと時代の転生と崩壊を見た。ものいわぬ自然は、山塊に明滅する人間の営為を苦もなく受け入れて見せたので

小さな住まいの前に植えられた山ユリが
芳香を放っていた。

養蚕部屋のあった総二階で八十坪の苔むした屋敷跡が、
往時の喧騒をもの語っていた。

ある。

村びとが去り、妻とともにただふたり残った渡辺は五十五歳だった。まだ働き盛りの歳である。しかし、渡辺には村を降りてまで新しい世界を拓く必要がなかった。先代から残された広大な山林という資産があったからである。

養蚕はしていたにせよ、炭焼きとゼンマイ採りをしながら日々の暮らしに汲々《きゅうきゅう》としていた村びとたちから、彼は超越したところにいたといってもいい。

それまでの彼の生計は、地上権が主だった。三町歩におよぶクリ林の収穫であるクリの実の売却費は、年間の生活費の半分を支えたという。持ち山の雑木林は下流の炭焼きたちの恰好の仕事場で、その山代金もまた、彼の欠かせない収入源だった。

燃料革命が起こって炭焼きが途絶えてからの渡辺の生活は、山林の杉を売って凌いだ。しかし、それは切り売りではなかった。先代から受け継いだ山を父親が買い増やし、そこを伐採して杉を植えたのは、渡辺慶作の先見によるものだった。

「植林をはじめたのは二十四、五歳からです。随分売りましたが、一本切ったら十本植えるのが自分の主義でしたから、これまで六、七万本も植えましたね」

その杉は、もう手入れの必要もなく、いつでも伐採可能なほどに育っている。いま

渡辺とともに
門原を守ってきた妻のハナコさん。

では、ときどき山をまわって木を見るのが渡辺の唯一の愉しみなのである。

屋敷の前後にも杉林が広がっていた。それは村を捨てたひとびとが自分の屋敷跡に植えたものだった。そういえば平坦な杉林の下草のなかに、古い家の土台がひっそりと苔むして息づいていた。その杉の年輪が、そのまま渡辺夫妻のふたりきりの歴史であった。


蝉時雨が間遠《まどお》になり、川向こうの山に懸かった夏の陽がゆっくりと光を失うころ、私は渡辺の家を辞した。泊まっていってほしいが、この狭い家ではどうにも、と申しわけなさそうに告げる渡辺の好意が嬉しかった。そこに、失われ行く山の民がいた。

滅びゆくものには、滅びるための必然があるのだという説に、私は寸毫《すんごう》の異も唱えるものではない。しかし、それが、施政者による農山漁村政策の貧困の果実だとすれば、失ったものはあまりに大きい。村を去った者は、二度と還って来ることはなく、至るところに点在した村落は、もはや昔年の輝きを取り戻すことはあるまいと思われた。

村の崩壊が、あるいは時代の必然であったとしても、自然に根を下ろし、自然と手を結んで、その恵みによって生かされてきた村の消失が、私にはかけがえのないものに思えてならないのである。

門原という村落の繁栄と没落を見据えてなお、その終焉《しゅうえん》までも見定めようとする渡辺慶作は、村という重い命題を私たちに課した残り少ない証人であり、二度と蘇ることのない門原の民俗と伝承を伝える、最後の語り部であった。

門原に戸籍があるのは、渡辺夫妻だけだった。

「変わり者だが、ともに村に生まれ育った妻とふたり、村を守ってきた誇りだけはあります」

そう語った渡辺慶作の声が、耳の奥に残った。


（取材：一九九三年　初出：「渓流」一九九四年夏号）

註1　笠原藤七。越後の岳人で川内山塊の開拓者。民俗学にも興味を注ぎ、著書『川内山とその周辺』に門原部落の行事と風習を聞き書きしている。
註2　クマの冬眠する穴を探す猟法。
註3　イタドリ虫のこと。
註4　巻き径のこと。

檜枝岐の山椒魚採り

星寛

やはりここだったか、と私は懐かしい思いで沢の出合に佇む小さな小屋を眺め上げた。

車道のかたわらに落葉松《からまつ》の疎林があり、消えぎえの小径《こみち》が一段奥の左岸の高みにある小屋へと通じていた。

その小屋こそが、檜枝岐《ひのえまた》の山椒魚《さんしょううお》採り星寛《ほしゆたか》（昭和三年生まれ）が毎年一ヵ月にわたって住み続けた作業小屋であり、目前の流れが彼の主要な仕事場の左惣《さそう》沢だった。

数年前の冬、山スキーを駆って檜枝岐の南方に横たわる長須《ちょうす》ヶ玉山《たまやま》を目指したことがある。村を出はずれて舟岐《ふなまた》川沿いの林道を進み、左惣沢から頂上の肩に突き上げる計画だったが、重い雪に阻まれて一夜を渓《たに》に過ごし、あえなく敗退した。そのおりに、出合で認めたこの小屋が長く記憶に残っていた。檜枝岐の山椒魚採りの存在を知っていたからである。そのころからすでに、私のなかに山で暮らすひとびとへの深い

左右の足の踏み出しや、
休む場所のひとつひとつまでが決まっているのだった。

関心があった。

檜枝岐は、南会津の最奥に位置する村である。いまでこそ、尾瀬と温泉を二枚看板に掲げた観光の村だが、以前は平家の落人伝説で知られた秘境の地であった。

秘境は、秘境として喧伝《けんでん》された瞬間から秘境では有り得なくなる。交通や情報の整備された現代にあって、真の秘境などもはやどこにも存在せず、私たちに味わえるのは秘境の香りに過ぎない。しかし、香りならば存分にある。

山深く寒冷な僻村《へきそん》だった檜枝岐は、村に伝わる落人《おちうど》伝説や檜枝岐歌舞伎などの歴史の遺産と、尾瀬という希有《けう》な自然の存在を逆手にとって観光立村を図り、いまや村民ひとりあたりの富裕度は全国でも屈指という鮮やかな変身を遂げるのである。

檜枝岐の山椒魚採りの歴史は比較的新しく、大正末年に星寛の父、富吉が山を越えた奥日光の川俣から伝承したのがはじまりである。山椒魚は両生類で全国に十七種が確認されているが、檜枝岐で採れるのは体長十五センチほどのハコネサンショウウオである。山椒魚の効能は、いずれの産地でも惚れ薬であり、強壮薬とされる。子供の疳《かん》の虫《むし》にも効くという。浅草のヘビ屋に、檜枝岐だけで年間三十万匹を納めたこともあるというから、当時の活況が偲ばれる。漢方薬の原料として長く中国にも輸出した

三岩岳
▲2065
檜枝岐川
会津駒ヶ岳
▲2132
檜枝岐
福島県
キリンテ
舟岐川
山椒魚
採り小屋
352
七入
左惣沢
長須ヶ玉山
▲1914
燧ヶ岳
▲2346
尾瀬
群馬県
栃木県

が、戦争によって中断し、以来一時的に檜枝岐の山椒魚採りも途絶えるのである。

この山椒魚を「ズ」と呼ばれる筌《うけ》を沢の流れに懸けて採る。ズはドウともムジリとも呼ばれ、スズタケを山葡萄《やまぶどう》とシナの蔓《つる》で一升瓶に似た形に、螺旋状《らせんじょう》に編み上げて造る。このズを、小さな滝状の流れの中に細いほうを下にして、支柱となる棒とともに懸けておくと、毎年春先の五月末から六月にかけての時季、産卵に集まった山椒魚が、流れをわたり損なってズのなかに流れ落ちるのである。

捕獲した山椒魚を、山中の作業小屋に泊まりこみ、燻製に仕上げて出荷するのがこれまでの山椒魚漁で、私はその捕獲とともに、燻製作りに明け暮れる山の生活に接したいと願っていたが、唯一残るひとが昨年事故で亡くなり、山椒魚の燻製の歴史は、すでに絶えていた。

星寛の名を知ったとき、私のなかでためらうものがあった。山椒魚採りの第一人者として、彼はあまりに有名だったからである。テレビに出演し、各種の雑誌の取材を受け、民俗学の本にまで登場する彼よりも、ひっそりと山椒魚を採り続ける名もなき村びとのほうが私の対象たり得る。そんな思いからのためらいだった。

それが杞憂《きゆう》に過ぎないと知ったのは、会津駒ヶ岳の登山口に近い彼の住まいを訪ねたときだった。

「まあ、上がって」

高名な過去の取材陣に比べて、雑草といっていい私を、彼は苦もなく受け入れていざなった。

「足腰が立たなくなったら、こんなものでも見て楽しもうと思うておるが、まあ、記念だな」

彼はまことに無邪気に、それまでの彼の業績を掲載した雑誌を私の前に広げはじめた。

「九州の大学の先生が、生きた山椒魚が欲しいというから採っておいたら、飛行機と電車とバスを乗り継いでやって来て、そのままトンボ返りで帰っていった。なんともせわしいもんだ」

そんな台詞をさらりと吐く。そこには、気負いや衒《てら》いや名声などといった俗臭の気配が微塵もなかった。

自身の信ずる道を歩み続け、その仕事が認められれば素直に喜び、認められなくとも意には介さない。そうした洒脱《しゃだつ》の気風が彼にはあった。

一度、山椒魚採りに同行したい、という私の申し出を彼は快諾した。六月の十日ごろがいい。そのころならば山椒魚も出はじめており、無駄足を踏むこともあるまい、という。私たちは、日を定めて彼の小屋の前で待ち合わせたのだった。

早朝、星寛はバイクに乗ってやってきた。荷台に空気入れが積んである。

空気があまくて、心配だったから積んできたという。磊落《らいらく》な彼の人柄を思わせて、口もとが綻《ほころ》ぶ。

三坪足らずの小屋の奥には囲炉裏《いろり》が切られ、その上に棚が間隔を置いてしつらえてある。棚には眼を串刺しにした山椒魚を吊るすのであり、小屋の周囲に生えるサワグルミの生木を燃やしながら、日を追って高い棚に移していく。一週間ほどで製品になり、雄を中心にして雌を外側に、それぞれ十匹ずつを並べて結わえ、これを一束として出荷するのである。

囲炉裏で燃やす火は、そのまま生活の火であった。小屋の周囲の山菜を摘み、渓の岩魚《いわな》を釣って食卓に載せる。その生活の火が、山椒魚を燻し上げていくのである。それは、山に生かされた歳月といってよかった。

「もう四十年以上もこの小屋で燻製作りをやったが、休んだのは一年だけだったな。燻製作りを辞めて、まだ二年だもの」

昭和二十二年に、中断していた山椒魚採りを復活したのは、ほかならぬ星寛だった。

燻製作りを辞めたのは、村の民宿が山椒魚の天麩羅を出しはじめ、その需要に追いつかなくなったためである。

いかに山の生活に馴れ親しんだとはいえ、サワグルミの生木を昼夜を分かたず燃やし続ける暮らしは、つらいものに違いあるまい。まして燻しあげるときの山椒魚の臭いは、芳しいものではないという。

採ったままの山椒魚を、処理することなしに出荷できるのならば、これほど楽なことはない。歳老いた彼ら夫婦が、つらい燻製作りを辞めたとして、誰にもそれを責めることはできまい。

「杖を使うか」

そう問われて、私は瞬時に断った。彼の手には、三十年も使いこんだという桐の杖があり、私に一本手わたそうとしたのだが、物忘れの激しい私は、帰り着くまで持ち歩く自信がなかった。

——これも桐の三十年物ですか?

杖を丁寧《ていねい》に押し返しながら尋ねた私に、星は悪戯っぽく笑い、「それはただの雑木《ざつぼく》だ」という。まったくひとを喰った老人である。

梅雨入り宣言が出ていたが、渓には明るい陽射しが注いでいた。小屋の裏手から小径が続いており、彼は馴れた足取りで歩きはじめた。径はやがて右岸にわたって高みを巻いていき、彼はときおり、径に伸び出した草の葉を、その杖でピシリと打ち据えていくのである。

同行を願ったとき「付いてこれるかな」と彼が問い、「多分、大丈夫だと思います」と、私は謙遜《けんそん》してみせた。事実、彼の足取りに遅れることはなかった。ただ、なにかが違った。流れるように歩みを進める彼と、昨夜の酒のせいでかすかに汗ばんだ私とでは、明らかな差があった。四十年間この渓を歩いている彼は、歩幅はもちろん、左右の足の踏み出しまでもが決まっているのであった。

七十歳を超えていながら、四十キロから五十キロにおよぶ荷を軽々と担ぎ下りるゼンマイ採りたちをいく人も知っているはずの私は、おのれの不明を恥じた。

高巻きを終えて渓に下り、かたわらの石に腰を掛ける。これも定まった場所である。彼は杖を掲げて渓の上空を示した。そこには、三岩岳とおぼしき稜線が、残雪を纏《まと》って端座《たんざ》していた。

ふたたび腰を上げてほどなく、彼の口数が絶えて眼差《まなざ》しに緊張が走る。ズを仕掛けた場所に来たのである。私もまた、これを無言で了解して彼の作業を妨げぬよう、遠く近くカメラを構えた。

沢のどのあたりに山椒魚がいるかを熟知している星さんは、
正確にズを仕掛け、これを回収して歩く。

支柱とともに、入り口を上にして流れに仕掛けると、
滑った山椒魚が筌に入る。

ズにはさまざまなものが入っていた。流れが運ぶ木の葉や小枝、蛙の類《たぐい》まである。近くの岩の上で逆さにして軽く叩き出すと、解放された山椒魚が驚いて逃げ出し、これを素早く彼の指先が捕らえていくのである。

この日、左惣沢に仕掛けておいたズは二十五ほどで、平均十四として二百五十四の収穫量だが、それでも少ないという。ひとつのズで多いときで三十四が入る。渓に配した複数のズに、下方から山椒魚が採れていき、上辺に達して雌が増えると、この渓の漁は終わりである。産卵が最盛期にかかるからである。採ればいくらでも採れるが、それではその渓の山椒魚は枯れてしまう。枯らさずに、繁殖力を残しながら採り続ける加減が難しい。

彼の持分の沢は現在八本あるが、かならず年に一、二本は休ませるという。それが渓を枯らさない唯一の方法なのである。

流れの落ち口に掛けたズは、どこでもいいというものではなく、産卵場所によって、少しずれると一匹も入らない。

産卵は地下の岩の隙間で、人目に付くことはまずないが、だいたいこの辺りなのだ、と岩盤になった流れの周辺を指差していう。

私たちは二時間余りで小屋に戻った。穏やかな眼差しに還った星は、サワグルミの樹間を見やりながら語りはじめた。

「持ってる沢は八本あるが、うち二本は会津駒の沢だ。平均して一、二本は休ませるだ。それで年に一万匹というとこだな。晴れればいいかというと、そうでもないし、降れば降ったで水が太すぎてよくねえ。まあ、山の都合に従うほかねえな」

「昔は毎日まわったもんだが、いまは一日置きだ。採れなくてもゴミが入るから放りっぱなしにはできねえ。朝の天気の具合で、その日の漁の善し悪しがわかるようになるな」

採った山椒魚は、その日のうちに自然に死ぬ程度の塩水に漬けてひと晩置き、ゴミを取って形を整えてから出荷するのである。

村内の民宿を中心に卸すが、会津若松にも出す。一匹当たりの単価は九十円で、シーズンに一万匹として九十万円だから、一ヵ月足らずの収入としては破格だが、これで一年の生計を支えられるはずがない。

彼にはいまひとつの生業がある。曲輪《まげわ》作りである。黒檜《くろび》と山桜の皮を使ってメンパ[註1]や花器、小物入れなどを作るのだが、収入はこちらのほうがはるかに多い。なにせ福島県伝統工芸品名鑑に載るほどの腕前である。

戦後の苦しい時代は、いろいろな仕事をした。米作りもしたし、養蚕もやった。米はできたが、ただ白いだけでうまい米にはならず、糯米《もちごめ》がどうにか食えたに過ぎない。養蚕は桑が育たずに失敗した。それは檜枝岐が農耕に不向きで、寒冷な風土だからである。

たどり着いた結論が、幼いころから父とともにまわった山椒魚採りの復活であり、叔父に手ほどきを受けた曲輪作りだった。

小屋掛けをして、木地師もやったが、箆《へら》一個と山椒魚一匹の値段が同じだった、と笑う。

——村を出ようとは思わなかったんですか。

私は密かな問いを発した。

「昭和三十年代のなかごろまで、村には永久橋がひとつもなくてな。台風が来るたんびに橋が流されちもうて、復旧するまでは陸の孤島だったたな。冬のあいだも似たようなもんだ。それでも村を出ることは考えなかったたな」

それは、山が好きだという明快な理由だった。山の機嫌をうかがい、山の都合に合わせて生きて行くかぎり、山は裏切らないという。星寛にとって、山と向き合う生活こそが至上なのであった。

檜枝岐の食堂で供される山椒魚の唐揚げ。
五尾で七百円前後（当時）。

産卵に訪れる山椒魚は、いまだ産卵場所が特定されていない不思議な生き物だ。
山椒魚は沢で産卵するというが、その卵を見たひとはいないという。

民宿の需要がふえても、山椒魚採りを継ぐ者は現われなかった。もう村で山椒魚採りは四人といない。曲輪作りの後継者もいない。

「自分の思うようにならない自然相手の仕事なんぞ、いまの若いもんは誰もやろうとせん。まあ、こっちも継がせたいわけじゃねえし」

怒るでもなく嘆くでもなく、星寛は淡々として屈託がない。

時代という重い歳月を生き抜いていながら、この端正な顔だちの老人から、私は苦悩や憂愁の陰を窺いとることができなかった。

それは星寛の巧まざる洒脱の気風から来るものだった。

山椒魚採りと曲輪作り。一見して動と静に思える両者のあいだに透徹して流れる山という至純な存在が、彼の内面の均衡を支えているに違いなかった。

「秋口になったら手も空くから、いちど曲輪作りを見においで」

いま一本沢を見てから帰るという星寛は、そういい置いて林道を走り去った。

その秋の日が、待ち遠しくなる別れだった。

（取材：一九九四年　初出：「渓流」一九九五年春号）

註1　弁当箱のこと。

参考文献

『共生のフォークロア』（野本寛一　青土社）
『山漁』（鈴野藤夫　農山漁村文化協会）
『郡山山岳会会報第10号』（郡山山岳会編）
『山彦との四季』（田辺一雄　同時代社）

足尾・奈良のシカ撃ち

井上盛次

日光から足尾《あしお》、赤城《あかぎ》を経て妙義《みょうぎ》に至るラインを、私は勝手に寡雪寒冷帯と名付けているが、なかでも群馬と栃木の県境に南北に延びる両毛《りょうもう》山脈と呼ばれる山岳地帯には、脊稜《せきりょう》山脈の名残りの雪が降り積もる。

寒冷な大気に支配されて生み出される軽くて乾いた雪は、スキーゲレンデに好適で、多くのスキーヤーをいざなう主因となっているが、その良質な雪が、山を歩く者にとっては厄介な代物に変わる。膝を超えるラッセルになると、サラサラとした雪は踏み固まらず、歩行速度が著しく落ちる。

その難雪をものともせずに、山野をかけめぐる一団がいる。シカ猟の醍醐味に魅せられたハンターたちである。

週末ともなると、山麓は首都圏や近郊から訪れるハンターで賑わうが、彼らだけでは猟にならない。銃の扱いを知っていても、山を知らないからである。

銃を構える井上。
眼光は鋭い。

たいがいは地元のハンターとチームを組んで山に入る。山の案内はもとより、獲物の解体と運搬、そして宿の手配と、地元での猟の拠点は欠かせないのである。

日光白根山《しらねさん》を起点として南下する両毛山脈のなかで、皇海山《すかいさん》を盟主に東西に延びる広大な山域を、とりわけ足尾山塊と呼ぶ。山脈の名の由来ともなった両毛の一翼である上毛、つまりは山域の西側にあたる群馬県利根郡片品村《かたしなむら》と利根村《とねむら》（現、沼田市）に、多くのハンターが住む。

獲物のシカ肉を売って収入を得る者はいたにしても、猟だけで生計を営む者はもう誰も残ってはいない。しかし、彼らの多くは、父祖伝来のシカ撃ちの系譜をいまに伝える者たちである。

街のハンターを混じえて山に入り、高性能の銃を肩に、ひとり一台のトランシーバーで情報を交換してシカを追うという近代猟法を続けていながら、獲物が去ることを恐れてサルをエテと呼び、山神の前を通れば自然に手を合わせ、ときには塩を供えたりもする。それはまさしく、日光のシカ撃ちに通じる伝承にほかならないのである。

そのひとりに井上盛次《もりじ》（昭和二年生まれ。六十七歳）がいる。井上がほかのハンターたちから際立っているのは、彼の生活基盤である。

群馬県
自宅
平川
奈良
三重泉沢
平滝
栃木県
泙川
津室
追貝
片品川
延間峠
皇海山
2144
松木川
足尾町
(現、日光市)
120
老神温泉
栗原川
砥沢
索道
利根村
(現、沼田市)
庚申川
薗原湖

老神《おいがみ》温泉の上流で片品川と分かれる泙川《たに》に沿って八キロメートルほど遡った奈良《なろう》の集落に彼は住む。深い峡谷を形づくる泙川の右岸に佇む最奥の奈良は、往時七軒あったというが、もう井上一家のほかに、誰も住んではいない。

電気は自家発電である。電話もなければ水道もなく、新聞も郵便も配達されない。便利ではないが、不自由でもない。それは、われわれが無節操に享受してきた文明という名の無駄を、ぎりぎりまで削ぎ落とした形ともいえようか。

井上夫婦と孫ひとり、それに猟犬五頭。これが奈良の全住人である。下流の平川に長男夫婦が住むが、彼は頑《かたく》なにこの地を動こうとはしない。

名猟師として鳴らした井上忠三郎を父にもちながら、彼自身の狩猟免許の取得は遅い。若くして東京に出たからである。しかし、父から受け継いだ血は断ちがたく、幼いころから馴れ親しんだ山と猟と銃が、彼を狩猟の世界へと導いていく。

井上の猟場は、皇海山から錫《すず》ヶ岳に至る泙川源流一帯である。

井上にはじめて会ったのは、晴れた冬の日の夕刻だった。深く険しい山肌に刻まれた車道を進むと、視界が突然開けて、泙川の中流に唯一広がる奈良の里に出る。畑の向こうの山際に、井上の家がただ一軒、ひとの温もりを帯びながら静まっていた。猟に出ているというので、奈良の先の三重泉《さんじゅうせん》沢の出合まで車を走らせたとき、数人のハンターが山を降りてきた。

「盛兄《あに》い！」

案内してくれたひとが掛けた声の向こうに、銃を肩にかけた井上がいた。小柄だが、鋭く見開かれた眼光が他を圧していた。

導かれるままに彼の家に上がり込み、猟のあとの酒盛りに加わった。

この日は不猟だったが、銃や獲物の話に沸き返る座の雰囲気は、梁山泊《りょうざんぱく》を彷彿《ほうふつ》とさせるものがあった。座の中央に陣取ってコップ酒を口に運ぶ井上は、さながらその頭目であった。

「シカは耳が非常にいいんです。だからトランシーバーの会話も、慎重にやらなくちゃ駄目なんです。こないだも、馴れないハンターが鹿を見つけて、いたいた、なんて声出すもんだから、あっという間に逃げられちまってさ」

猟の対象になるシカは雄ジカで、それも一日一頭にかぎられる。

止まっているシカを撃つ機会は少なく、たいがいは走っているシカを狙うことになる。走るシカの速度と、自分とシカとの距離を瞬時にはじき出し、シカの走りこむ前方の地点を想定して弾を打ちこむのである。その瞬間の緊張と醍醐味が、こちらにも伝わってきた。

「射撃場で何百発弾を撃《ぶ》ったって、シカを見たこともない奴が来ることもあるんだから世話ねえや。シカ見たとたんに、緊張して震え出す始末さね。とても撃つどころの話じゃねえだんべえ」

シカを撃つために山を歩いていても、目の前に現われるのは、むろんシカだけとはかぎらない。キツネやタヌキをはじめとするもろもろの鳥獣が顔を出す。それらを瞬時に識別して弾を射こめるまでには、相応の経験が必要になる。

そのために、ときには悲劇が起こる。誤射による人身事故である。二、三年に一件くらいの割合だというが、たいてい撃った本人は以後、銃を持たなくなる。銃を扱うことの宿命的な問い掛けがそこにある。


猟銃は、大別して二種類ある。散弾銃とライフルである。スコープを備えた高性能のライフルは、有効射程距離が三〇〇メートルにもおよぶが、散弾銃は七〇メートルがせいぜいである。それぞれ一長一短があり、どちらを使うかは、いわばハンターの猟と銃に対する思想の差といってもいい。

井上は一貫して散弾銃を使ってきた。部屋の片隅に、井上の愛用するレミントンと

SKBの二丁の銃が、鈍い光を放って仕舞われていた。散弾銃は、ライフルに比べて有効面積が広いが、威力は劣る。

笑い話がある。

「シカ一頭とって、とどめ刺さないで藪のなかに引っ張りこんどいてから、幸先いいからあと何頭かとるべえかい、と思って他所《よそ》まわってきたら、最初のシカがいなくなってた。息吹き返して逃げちまったんだ」

散弾の弾薬は、装弾粒の号数[註1]によって種類が異なる。散弾粒の直径が一・二五ミリの十二号から、号数が減るにつれて散弾の径が大きくなり、最後はライフルスラッグ弾と呼ばれる単体弾になる。こうなるともう散弾とはいえなくなる。

弾の威力を考えて、最近では弾数の多い散弾とライフルスラッグ弾を連続してこめるハンターが多い。初弾でシカを動けなくして、二弾目のライフルスラッグ弾でとどめを刺すのである。

「この辺のシカは、ほかのニホンジカと違って大型なんです。第二次世界大戦で日独伊が三国同盟を結んだときに、ヒトラーが二頭のドイツのシカを献上しましてね。それを日光の天皇の御猟場に放したんですが、そのとき一緒にエゾジカも入れたんです。

ですから、いまのニッコウジカは在来のシカとの三種交配みたいなもんです」

井上家の裏山を越えると、そこはもう日光である。県境など、所詮人間の引いた線にほかならず、シカにとってはいずこの山も自由の天地である。しかし、ニッコウジカにそうした外来の血が混入されていようとは、思いもしなかった。

シカの猟期は十二月一日から一月末日[註2]である。だが、地元のハンターにかぎって、季節を問わず月に十日の害獣駆除が認められている。

家のまわりの畑で野菜を作る井上の被害もまた甚大で、周囲を網で囲っても、収穫の半分以上はシカに荒らされるという。

その言葉を聞いたとき、井上にはいえなかったが、山の作物の収穫は、半分をひとが得て、残る半分を山に帰す形なのだ、と私には思えた。

日光と利根村では、当然のごとく駆除の期間が異なる。シカはそれを熟知していて、県境を縦横に行き来して、銃の待つ里には近づかない。

「猟のないときなんかは、家から飛びまわるシカが見えるかんねえ」

かたわらで語る奥さんに注ぐ井上の眼差《まなざ》しは、出会ったときの眼光の鋭さが嘘のように消えて、かぎりない和らぎと慈《いつく》しみに満ちている。

戦時中の苦労や猟の話を熱っぽく語る井上に、何度も聞かされたであろう奥さんは、

奈良の里は、井上夫妻と孫と犬五頭が、
住民のすべてだ。

まるではじめての話でもあるかのように、頷きながら聞き入るのである。厳しい風土を、ともに生き抜いてきた夫婦の信頼がそこにあった。

井上には、事情があって引き取った孫がいる。素直で、自立心と向学心に満ちた子である。もう中学生になった。甘えずに、おもねずに、凛洌《りんれつ》とさえ見えるその子の生きざまが、井上夫婦にとって、かけがえのない安らぎのようだった。引き取った事情に話がおよびかけたとき、私は不自然にならぬように話題を逸らした。そこに井上の陰りを見たように思えたからである。

井上は、十七歳で上京して逓信省東京中央郵便局に勤めた。いわゆる電信屋である。徴兵されてサイパンにわたったが、三ヵ月で結核にかかり強制送還される。乗せられた船は貨物船で、いつ米軍の爆撃に遭ってもおかしくない状況だった。爆撃を逃れても、結核で死ぬかもしれない、と観念したほど症状は重かった。

山梨の結核療養所に移されて、すぐに終戦を迎え、職場復帰をしたのも束の間、昭和二十三年に父親が亡くなり、奈良に呼び戻される。

当時、泙川上流の山を管理していた三陸木材に就職。昭和四十二年ごろまで勤めるが、三陸木材の撤退に伴って周辺の山は国に売却され、彼の身分もそのまま営林署に

電話なし、水道なし、新聞も郵便も配送されない。
自家発電で豆腐を作る。

移行する。定年まで営林署に勤め、いまは国有林野保護監視員という非常勤職員の身分である。

山を知っている者を確保しておいて、山での遭難や調査などのときに、臨時に雇用して案内させる制度である。数は多くないにしても、遭難が発生するたびに井上は駆り出される。山が好きでなければできない仕事だ。

山を歩くとき、井上は水をいっさい飲まない。水筒は持つが、それは他人《ひと》のためなのである。自分のために持つのは火と雨具だけで、好きな煙草《たばこ》も吸わない。体力の消耗を極力避ける、そうした習慣は、営林署時代に身につけたものである。

それでもたまに油断が出る。泙川の上流は岩魚《いわな》の棲息する谷が多いが、総じて険しい。春の沢で岩魚を釣っていて、誤って滝壺に転落して死にかけたことがある。そばにあった流木伝いに這《は》い上がってことなきを得たが、そのとき以来山の怖さを再認識したという。

奈良からさらに五キロメートルほど遡ると、平滝と呼ばれる集落の跡がある。いまでは苔むした石垣が残るばかりだが、最盛期は千人を超えるひとが住んでいた。

平滝の下流から分かれる津室《つむろ》沢源頭の津室に千人。尾根を越えた栗原川上流の砥沢《とざわ》に二千人。それらの集落は皆、足尾銅山で使われる用材を切り出して運搬する従業員と、その家族の宿舎だったのである。

明治三十七年、足尾から六林班峠を越えて砥沢まで。さらに明治三十九年、津室を中継点として平滝を経て放射状に延びる索道[註3]が敷設される。動力は水力が多かったが、主要索道は釜焚きのボイラーだった。釜の火は、昭和十四年八月に足尾銅山の経営者であった古川鉱業がこの地を撤退するまで、実に四十数年にわたって、昼夜を分かたず燃やし続けられたのである。

それらの集落には、火葬場や駐在所や小学校まであった。物資はすべて索道によって足尾から運ばれ、索道はときにひとをも運んだ。地番は群馬県にありながら、里への道は足尾に通じていたのである。

ひとつの企業による、凄まじいまでの虚構と呼んでいい運命共同体が、人里離れた山中に展開していた。

根利山会《ねりやまかい》というものがある。山中で生まれ育ったひとたちが、往時を懐かしんで集まる親睦の会である。井上盛次は、その根利山会に名を連ねている。

里への道は、津室を経て砥沢から追貝《おっかい》に下るのが一般的だったが、緊急時は奈良を経由して追貝に下る裏街道がもっとも近かった。事実、平滝から奈良までは十数ヵ所の吊り橋を架けた古道があり、追貝の集落まで続いていた。

先々代まで旅館を営んでいた井上家が、平滝に住むひとびとにとっては、暗夜の灯に近い存在であった。平滝とはほぼ無縁でありながら、井上が根利山会に招かれているのは、そうした経緯によるのである。


——ところで、オオカミの話ですが……。

そう切り出した私に、井上は途端に慎重になった。

山犬と呼ばれたオオカミが、この地にも棲息していた事実がある。

明治三十八年に絶滅したとされるオオカミの生存を信じて、各地を歩いたひとに、斐太猪之介《ひだいのすけ》がいる。彼は何度も奈良に足を運び、井上とともにオオカミの痕跡を求めて山中を歩いている。

しかし、結局足跡とされるものは見つかっても、個体が捕捉されない以上、オオカミの生存説は幻のままなのである。私は井上の見解が聞きたかった。

「私自身、オオカミとおぼしきものと遭遇したことはあるんです。車で平滝の辺りにいたら、シェパードほどの大きさの犬が通りましてね。あとから持ち主が来るだろうと待ったんですが、誰もこない。あれがオオカミだったんではないかと思うんですが、

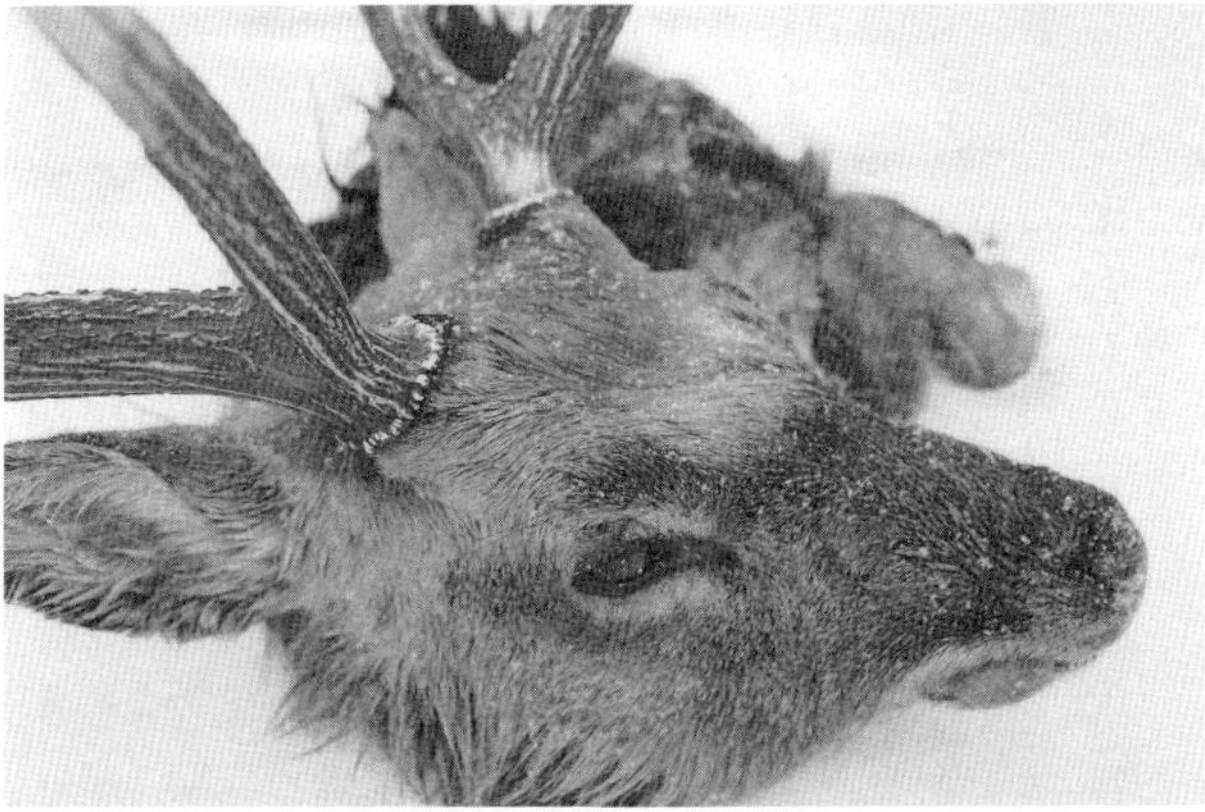

ニッコウジカは、エゾジカとドイツジカと日本のシカの
三種混合だといわれる。

ライフル全盛の時代にあっても、井上盛次は一貫して散弾銃にこだわってきた。
井上愛用の銃がこれだ。

証明ができない以上、迂闊《うかつ》なことはいえません」

井上と親しく、浮川流域の沢をことごとく調べ上げた登山家の故・木下一雄（市川学園OB会）も、オオカミの遠吠えに悩まされて眠れぬ夜があった、と井上に告げたという。

夢が夢のままであってもいい。シカの天敵であるオオカミが、豊富な餌《えさ》を得て生き延びていたとしたら。そんな夢を、この山塊はいまだに抱かせてくれるのである。

奈良には何度も足を運んだ。シカ猟に同行したかったからである。だが、その機会はついに得られなかった。局止めの郵便による連絡のし合いでは、互いの予定の変更を伝えるには難しすぎた。

翌冬のシカ猟がはじまってほどない日、井上家の炬燵《こたつ》でくつろいでいたら、出入りのハンターが猟を終えて戻ってきた。

話が弾むうちに酒になり、シカ肉が出た。その日獲れたシカである。冷凍の肉は何度も食べていたが、生肉ははじめてだった。ハツとロースとレバーが、生姜《しょうが》と大蒜《にんにく》を添えて出されたが、薬味など不要だった。臭みなどどこにもなく、正確で野性に満ちた味であった。

猟をするものはまた、漁にも通暁《つうぎょう》する。釣りと狩猟は縄文に連なる系譜にほかならない。

いつの日だったか、規則に反すると知りながら、弾を抜いた六キログラムにおよぶ井上の銃を持たせてもらったとき、私のなかにあるかあらぬか、縄文の芥子粒《けしつぶ》に近い痕跡が覚醒されたことを、ふいに思い返した。

（取材：一九九四年　初出：「渓流」一九九五年春号）

註1　一発の玉に入る散弾粒の大きさ。

註2　現在は猟期は十一月十五日から翌年二月十五日までに変更され、シカの増えた足尾では雌ジカも解禁された。

註3　架空のワイヤーの搬機。支柱は木製。

参考文献

『皇海』6・12・16・18・20・23号（根利山会）

『山がたり』『続山がたり』『続々山がたり』（斐太猪之介　文藝春秋）

『幻のニホンオオカミ』（柳内賢治　さきたま出版会）

『日本民俗文化資料集成・サンカとマタギ』（「日光狩詩記」より　三一書房）

只見奥山、夫婦径

佐藤恒作

ブナのまばゆい新緑のカーテンを透かした光の下に、一条の径《みち》が続いていた。木ノ根沢から広がる宿《しゅく》ヶ平《だいら》は、ふた抱えもありそうなブナの巨木に覆われた森だった。陽の射さない山側の傾斜に、雪がまだらに残っており、小さな流れが、軽い瀬音を立てて径をいくつも横切っていた。

ブナの葉末の木漏れ日が、森閑とした森に降っていた。

宿ヶ平の外れに立つと、御前《ごまい》沢の小屋場が眼下に広がっていた。小高い台地に、佐藤恒作《つねさく》の小屋が建っていた。

「ホッ、ホーイ」

私は、ひと声叫んで来訪を告げた。小屋を通り掛かるとき、かなり手前で声を掛け合うのが彼らゼンマイ採りの慣習だった。玄関も、鍵のかかる扉もない粗末な小屋掛けといえど、小屋は彼らのもっとも安らげる私的空間であり、家そのものだった。そ

山の仕事と山暮らしは、
山の声を聞くことが秘訣だと恒作はいう。

の小屋を訪ねるのに、不躾《ぶしつけ》にならないよう、あらかじめこちらの来意を知らせるための掛け声だった。私はそのしきたりに従ったのだった。

「遅かったなあ。父ちゃんは、とっくに一番山さ出がげでしまったぞ。早く来るっていってたから、朝飯《あさはん》用意して待ってたんだぞう。もうすぐ帰ってくっから、まあ、お茶でも飲んで待っててけやれ」

　奥さんのナカ子さんにそういわれて、私はひどく恐縮した。今朝方まで降り続いた雨で、きょうはゼンマイ折りには出掛けないだろう、と踏んだ判断の甘さが、私の出足を鈍らせたのである。来る、といったからには来ると信じて、それなりの準備をして待つ彼らの、実直な誠意を踏みにじったようで、胸が痛んだ。

　昼近く、佐藤恒作が小屋に戻った。背中に四十キロ近いゼンマイを背負っていた。若いころは、いまの二倍も折ったという。ゼンマイを折るのが、楽しくて仕方のない時代だった。折れば折るほど金になる。夢中だった。どうにか小屋の近くまで背負って来ても、迎えに出たナカ子さんの顔を見た途端に、気力が萎えて背負えなくなってしまう。そんなときは、二回に分けて小屋まで運んだものだ、と懐かしそうに語った。

　恒作は六十二歳になる。父は八十里越の最後の馬方だった。その父を手伝って、幼

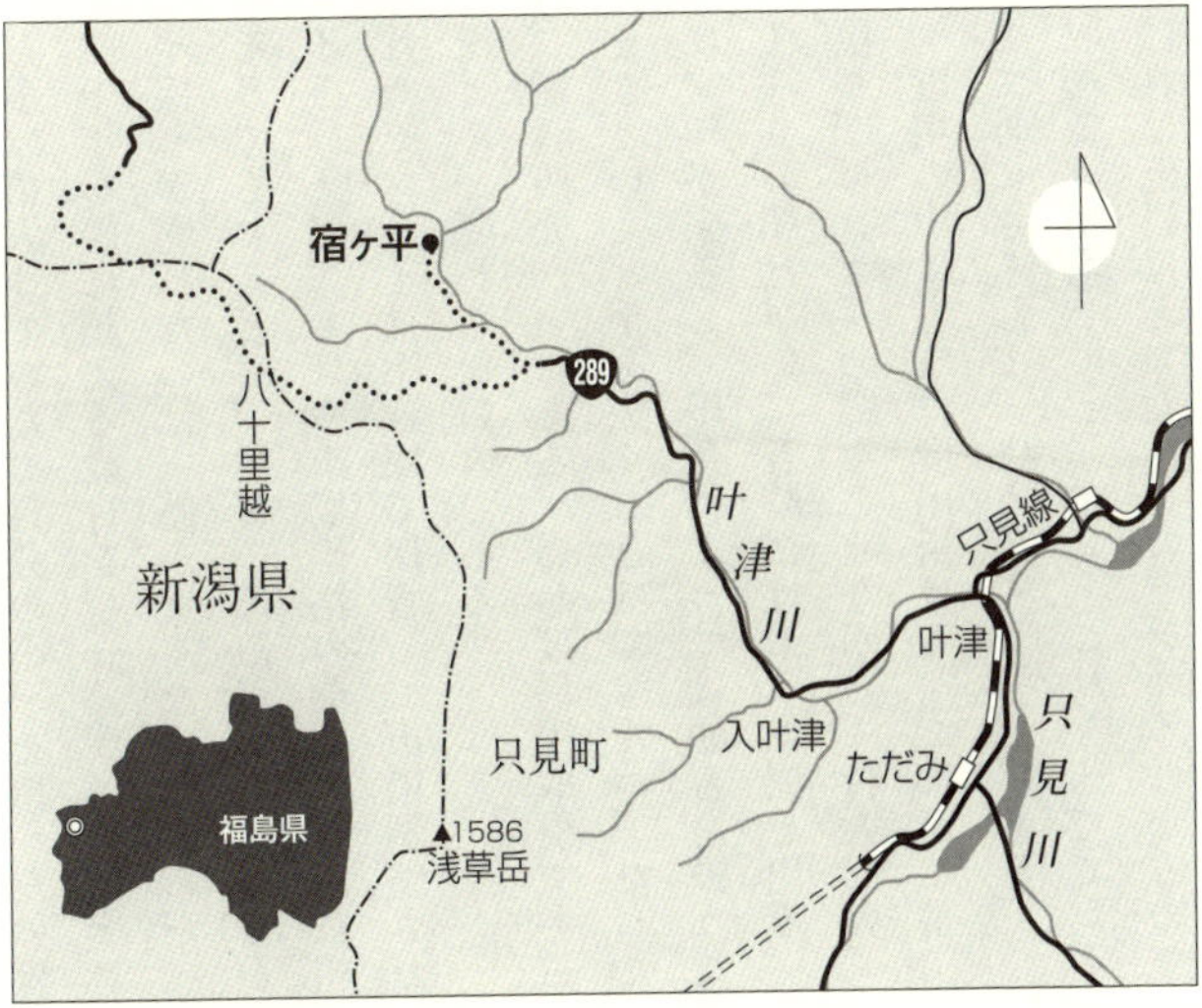
宿ヶ平
289
八十里越
新潟県
叶津川
只見線
叶津
只見川
入叶津
只見町
ただみ
福島県
1586
浅草岳

いころから小屋に入っていた。自分の小屋を持ったのは十七歳のときだった。それからもう、四十年を優に超える歳月を、叶津《かのうづ》の森に過ごして来たのだった。

「ゼンマイ採りが廃れたのは、値が安くなったからだべな。俺は直接販売の客を持ってるからそうでもねえども、仲買いは値が決まってるからな」

ゼンマイといえど、もはや市場価格の機構のなかに組みこまれてしまっている。買い上げられたゼンマイは冷蔵庫で保管して市場調整され、不作だろうが豊作だろうが、売り値はほとんど変わらないのである。

恒作は、顧客販売が主である。いわば信用取引である。だから仲買いに出す品以上に、かたときといえど手を抜くことはできない。たった一度でも不出来な品を納めると、即座に文句が来るし、場合によっては顧客を失うことにもなりかねないのである。

ゼンマイ採りの朝は早い。五時にはもう小屋を出る。これを一番山という。昼近くに小屋に戻り、ゼンマイの綿をとりながら、特大、大、中と仕分けをする。昼を済ませてから、近場の山にもう一度出掛ける。これが二番山である。その日収穫したゼンマイを茹でて外にさらして、ようやく一日が終わる。

一日の収穫量は平均して七〇キロ。これを茹でて、干して揉む作業を繰り返すと、天気がよければ三日ほどで七キロのゼンマイになるのである。山に入る日を一ヵ月とすれば、収穫量二・一トン、製品にして二一〇キログラムのゼンマイができることになる。

この日、恒作は二番山に出掛けなかった。膝が異様に腫れていた。ゼンマイ採りにとって、腰痛や膝痛は職業病といってよかった。しきりに首をひねりながら、「金カンジキ[註1]のせいかもしれない」という。渓《たに》の雪渓の上を、重荷を背負って歩く彼らにとって、金カンジキは欠かせない。その金カンジキを、彼は今年新調した。鍛冶屋が気をきかせて爪を長くしたおかげで、それが足に当たるらしかった。

明日、近場の沢に出掛けてみるか、といってくれたが、膝の具合では、それもおぼつかなかった。

恒作は、小屋の内部にしつらえた釜に火をくべて、ゼンマイを茹でる作業に取り掛かった。茹でて干して揉む、たった三つしかない作業の連続だが、それぞれに独特の勘とコツがある。なかでも茹で加減は製品のできを左右するもっとも難しい作業である。茹でが足りなければ製品が固くなり、茹で過ぎると細胞が壊れて、揉みに耐えられなくなる。ほかの小屋では、ストップウォッチで時間を計ったりもするが、恒作はすべて経験と勘だけでゼンマイを茹でていた。その日の天候と温度や湿度によって、微妙に茹で加減を変えるのである。

金カンジキは、鍛冶屋に頼んで、
一個ずつオーダーメイドで仕上げてもらうのだという。

クモケツを背負って小屋の裏手の宿ノ沢に入る。
分厚い雪渓が谷を埋め、新緑がまばゆく山肌を覆う。

雨の日が続くと、乾かせないゼンマイは腐っていく。そうしないために、薪を燃やして煙で乾かす。これをケム（煙）掛けという。

足に金カンジキ、背にはクモケツ。ゼンマイを折ってはクモケツに入れる。
ゼンマイの太さと長さは、小指で折った最初の一本に揃えていく熟練の技だ。

ゼンマイ採りは、夫婦ふたりの小屋暮らしだ。
呼吸が合わなくては仕事にならない。夫婦仲が悪くなるはずがない。

晴れるとゼンマイ小屋は戦場になる。存分に陽の光を浴びせ、
均等に水分が抜けるように気を遣いながら、固めてはほぐす作業を終日繰り返す。

叶津川は天然の台所だ。
空を見上げ、新緑に染まり、澄んだ水で調理をする。

「火加減が難しいな。何年やっても、これだっちゅう茹で上がりは、何度もないもんだ」

　釜にゼンマイを入れてしばらくすると、泡がプクプクと浮き、やがてザーザーと渦巻いてくる。釜の表面を注視していた恒作は、頃合いを見計らってゼンマイの入った網を釜から引き上げる。

「昼飯《ちゅうはん》にしっぺやあ」

　茹で上がったゼンマイを外にさらし終えたころ、ナカ子さんが声をかける。何年も通ったおかげで、私も遠慮なく食卓につく。この日はクジラ汁が出た。

　クジラがよく手に入ったね、と私がいうと「クジラだっていって売ってるども、イルカでねぇべかな」と、こともない。クジラであれ、イルカであれ、昔と違って決して安くはあるまい。しかし、重労働の続くこの仕事にとって、油分と塩分を補給する食物は欠かせないのである。

　汁には、クジラのほかにウドとウルイが入っていた。こうした山菜を摘むのも、ナカ子さんの小屋での大事な仕事であった。小屋入りのとき、塩を何キロと持ち上げて、小屋のまわりで採れた山菜を漬けこんでおき、水気を切って荷下げしてから、里でふたたび漬け直すのである。漬けこまれた山菜は、冬の貴重な食料になる。ゼンマイを揉む作業のかたわら、彼らは山菜の採れるこの時季に、長い冬を過ごすための準備までするのである。

ひととき曇っていた空から陽が射しこむと、彼らは食事もそこそこに飛び出していく。晴れ間の訪れた小屋場は戦場と化す。今年は天候が不順だった。干して揉む作業が生命のゼンマイ採りにとって、晴れ間はなににも増して貴重である。干してから一日目、二日目、三日目と、それぞれのゼンマイを運び、広げて揉み上げていく作業は、干しはじめてからの日によって、また陽射しの強弱によって微妙に異なる。

かたわらを叶津川が穏やかに流れ、雪渓のまだらに残る山肌が、光を浴びて悠久に連なっている。

その下で、忙しく立ち働く山びとの姿が、この地から消えゆこうとしていた。村中の家が、総出でゼンマイ採りに出掛けていたのは、さほど遠くない時代であった。ひとつの小屋場に何軒もの小屋が建ち並び、さながら谷中にゼンマイ採りが蝟集《いしゅう》していたのである。それがいつのまにか、只見でも叶津川だけになり、残る小屋場は恒作を含めて三軒だけになってしまった。

翌朝も、恒作の膝の痛みは去らなかった。天気も悪く、きょうはケム掛け[註2]をするという。小屋の奥の、専用の竈《かまど》の上にゼンマイを並べ、ブナの薪で均等に燻すのである。「まあ、お茶でも飲みながらのんびりとやるべえ」という言葉に、私はこれ幸いと聞き出しにかかった。

恒作とナカ子さんは、十五歳近く歳が離れていた。恋愛結婚だということも知っていた。

「おれは嫁に来てやったんだ。感謝してもらわねばなんねえ。おれは騙されたんだ。嫁に来れば、きれいな着物着てお嫁さんしていられると思ったが、五月になればゼンマイ採りに行かされるし、それが終わると毎日土方仕事だべえ。それも収入は全部舅《しゅうと》に入るし、本人は実家に帰るときに涙金の小遣い銭もらうだけだ」

「ゼンマイ採りだって、最近は布団さくるまっていられるが、昔は草刈ってそれで布団作ったんだぞう」

辛い時代の苦渋を微塵も表情に出さず、彼女は屈託なく笑う。収入がすべて舅に入るという話には驚いた。自分の収穫したゼンマイが、仲買いにいくらで売れたのかさえ知らされなかったのである。入籍は子供が生まれてからだった。それはこの地方のしきたりだったという。ある種の足入れ婚のような形が残っていたのかもしれない。そういう彼女は、まだ四十歳代なのである。

彼らの住む入叶津《いりかのうづ》は、往時栄えた八十里越の、会津側の最奥の集落である。さほど多くはない戸数だが、いまでも旧戸、中戸、新戸という厳然とした家の格付けがなされている。跡継ぎの家は旧戸であり、家を出た次男、三男は中戸で、新しく村に入った家が新戸であった。旧戸には土地の取決めなどの権利の優遇が保証されている。なんの権利も持たない次男、三男たちは、必死でゼンマイを折り、儲けた金で家を建てて分家した。恒作たちもそうであった。当時は一シーズン山に入ると、どうにか一年暮らすほどの収入があったのだ。

煙が小屋に充満していた。熱気を含んだゼンマイから灰汁《あく》が滲み出している。恒作は水中眼鏡で眼を保護しながら、ゼンマイに平均に煙を当てる作業に余念がない。気管支に持病のあるナカ子さんには、この煙がとても辛いという。

「けぶ（煙）が出ると、赤子が可愛そうで、たまんなかったなあ」

保育所など完備しなかった当時は、子供は小屋に連れてきて育てるほかなかったのである。

「それでもなんとか、ふたりでここまでやって来れたもんなあ、父ちゃん」

ナカ子さんは、晴々とそう語った。

翌週、私はふたたび小屋を訪ねた。よく晴れた朝だった。恒作が支度をして待っていた。小屋の近くの宿《しゅく》ノ沢に入るという。予備の金カンジキを借りて私は彼のあとを追った。

沢に入ると、すぐに雪渓が現われた。ひとつひとつ注意深く通過して、きょうのゼンマイを折る場所に着くころ、ようやく山稜に朝日が当たりはじめた。雪渓の真んなかに大きな籠を置き、蜘蛛の尻に似たところからクモケツという名の付いた半纏状の着物を着て、そのクモケツにゼンマイが一杯になるまで採って戻る作業を繰り返すのである。

彼は指で、その日の予定の径筋《みちすじ》を示してくれた。

「山のはじめのころは、青みがかったヒド[註3]、山終《じま》いのころは赤みがかったヒドにいいゼンマイがあるな」

片手で枝を掴《つか》み、片手でゼンマイを素早く折って背中のクモケツに仕舞う作業は巧みなものだった。それも決して株のすべてを折るのではない。来年に備えて三分の一を残すのである。それはおそらく、山を去る最後の年になっても変わらない折り方をするだろう、と思わせるほどの淀みのなさだった。

そこには、山を疲弊させないための、山とひとが織りなす共存の形があった。

六〇度近い傾斜でさえ、彼はためらいなく、枝一本を頼りに足を踏み入れてゼンマイを折っていく。足下には雪渓が危うい亀裂を広げているのである。

それは四十年を超えて、怪我ひとつなく山に過ごしてきた熟達の技法であった。

「ゼンマイ採りがいいのは、完全自営だからだな。気が乗らなければ休んだっていいし、調子がいいと二日分折ることもあるしさ」

なにより、自分の裁量で仕事が進められるのがいい、という。

柔らかい光が春の渓に降り注ぎ、私たちはその下でゆっくりと煙草を吸った。しかしなあ、と彼は自嘲気味に言葉を続けた。

「この歳になってまで、草を採って生活するってのも情けないけどなあ」

それは違う。文明が発達するほど、私たちは自然のなかから生まれ出たという基盤を忘れてはならない。ひとびとが自然を見失いかけているいま、山とひとが暮らしのなかで付き合っていくことが、どんなに豊かなことか。

そんな意味のことを私は恒作にいってみたが、どこまで理解してもらえただろうか。

もう少し折ってから帰る、という恒作を残して、私はひと足先に小屋に戻った。

ナカ子さんが昼飯を用意してくれた。昼飯をいただきながら、話はふたたび恒作とのことになった。

「夏は出稼ぎ、正月に帰って家の仕事をしてから、春はゼンマイ採り。その繰り返しだなあ。酒を呑まないひとだから、趣味はパチンコだけだ。勝っても負けても五千円しかやらないな。お金は全部おれのところに振りこまれてきて、それから小遣いにパチンコ代を上乗せして送ってやるんだ」

彼女が同じ町の病院に勤めていたとき、患者で来ていた恒作が彼女にひと目惚れをした。彼女が一九歳のときで、恒作は三十歳を超えていた。以来、日参に近い求愛を受けて、歳の離れもあって躊躇《ちゅうちょ》していた彼女も、ようやく一緒になる決意をしたという。

「こうやって馬鹿ばっかりいってるども、父ちゃんには本当に感謝してるんだ。婦人病で何度も入院したけど、父ちゃんは文句をひとつもいわないで看病してくれた。親に苛められてもそのたんびに庇ってくれたな。いつか家を建てて独立しようって、何度もふたりで抱き合って泣いたもんだ。おれがいま、こうしていられんのも、父ちゃんのおかげだ」

一見、剛毅《ごうき》に見えたナカ子さんの、しみじみとした素顔であった。

私は、入叶津から続いた細い一条の径を思い起こしていた。太いブナに刻まれた、古い切り付けの残る径だった。

数年を経ずして彼らは山を去り、やがて径も消えていく。しかし、径は彼らの内に深く残るに違いない。それは彼らがともに営みを重ねた、只見の奥山への夫婦径《めおとみち》にほかならないからである。

（取材：一九九五年　初出：「渓流」一九九六年春号）

註1　地下足袋につけるアイゼンの一種。
註2　天気が悪くてゼンマイが干せないときに、腐らせないように煙を当てること。
註3　沢状の小さな凹み。

奥利根の山守り

高柳盛芳

それにしてもうまかった、といまでもはっきりと思い起こす味がある。高柳盛芳《もりよし》の家で喰わせてもらったクマ鍋である。

雪のちらつく水上の自宅を訪ねたとき、もうクマ鍋の仕込みは終わっていた。待つことしばし、出てきたものは、これがクマか、というほどの味だった。

味噌仕立ての鍋に、野菜とともにたっぷりと煮込まれたクマ肉があった。濃厚な野性を失わずにいながら、繊細で正確な味であった。なにより、その歯応えの柔らかさに驚かされた。何度か食べたことのあるクマ肉とは、根本が異なっていたのである。

「うめえだろう、高桑さん。処女の三歳グマだ。こんなクマ肉喰ったことねえだろう」

私は夢中で箸を運びながら、この柔らかさはどこから来るのだ、と尋ねた。

「煮込むんだよ、酒を入れて徹底的に煮込むの。クマは煮込めば煮込むほど柔らかく

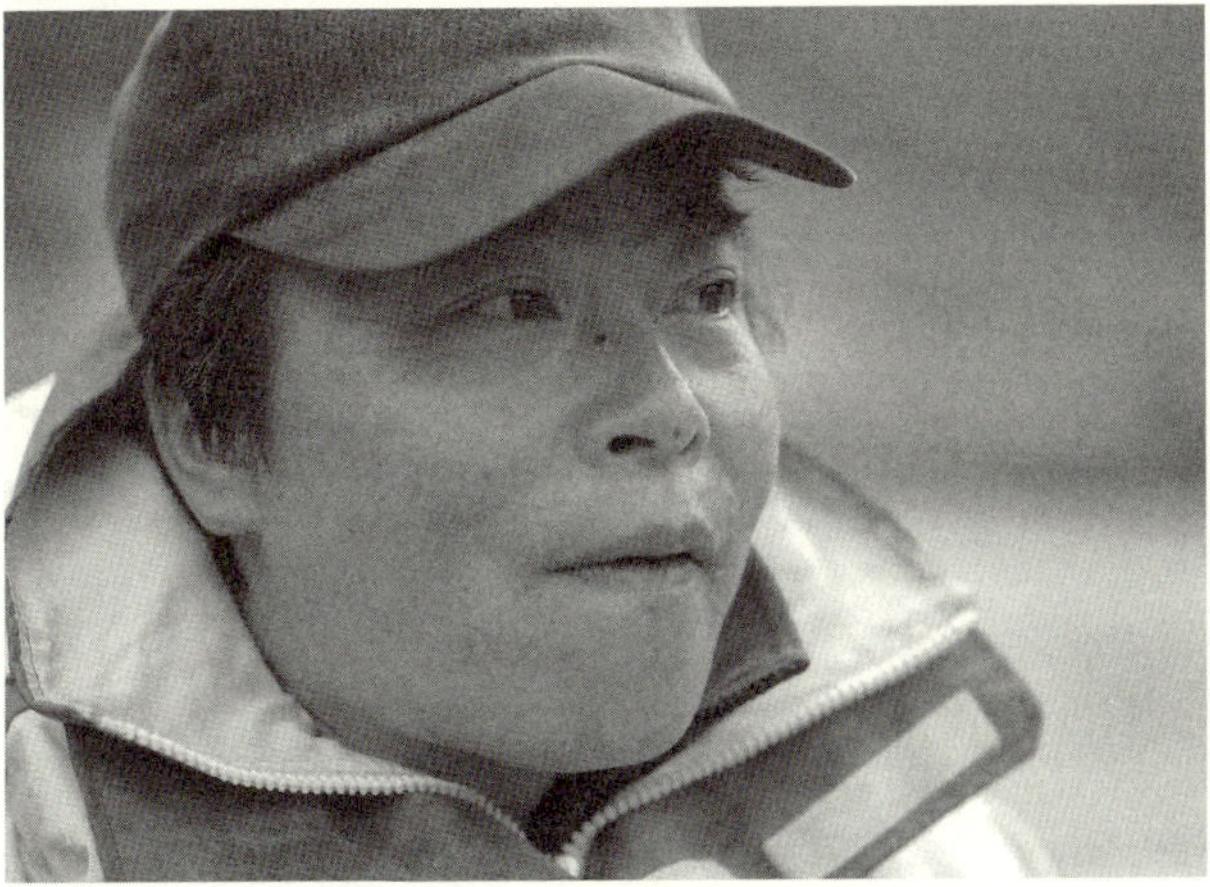

利根に憑かれた男は、ある日突然仕事を辞めた。
収入の目算がなにひとつあるわけではなかった。

なる。高桑さんの来る前に、三時間以上も煮込んでたんだよ。みんなそれを知らねえから、固いクマ肉を喰ってるんだ」

私はツキノワグマを害獣だとは思わない。クマを追い詰めたのは人間にほかならない。森を伐り、林道を通し、クマの行動圏を制約しておいて、麓に彷徨い出たクマを害獣駆除の名のもとに射殺してしまう。そうした行為が続けられるかぎり、ツキノワグマは早晩絶滅してしまうだろう。

本気でツキノワグマの保護を考えていい。いまから保護してさえ、もう遅すぎるかもしれないと思うのだが、それと喰うことは別の次元である。うまいものはうまいのである。

「俺、思うんだけどさ、クマ捕って喰ったのも、アオ（カモシカ）捕って喰ったのも、俺たちの食文化なんだよ。クマが減って、アオがこんだけ増えたんだから、クマを禁猟にしてアオを解禁にしてもいいんじゃねえんかい」

クマを禁猟にして、増え過ぎたカモシカを条件付きで解禁にするのも、ひとつの選択肢かもしれなかった。

それは、ハンターでありながら、奥利根の自然を護ろうと、全身全霊を賭してきた、高柳盛芳でなければいえない言葉であった。

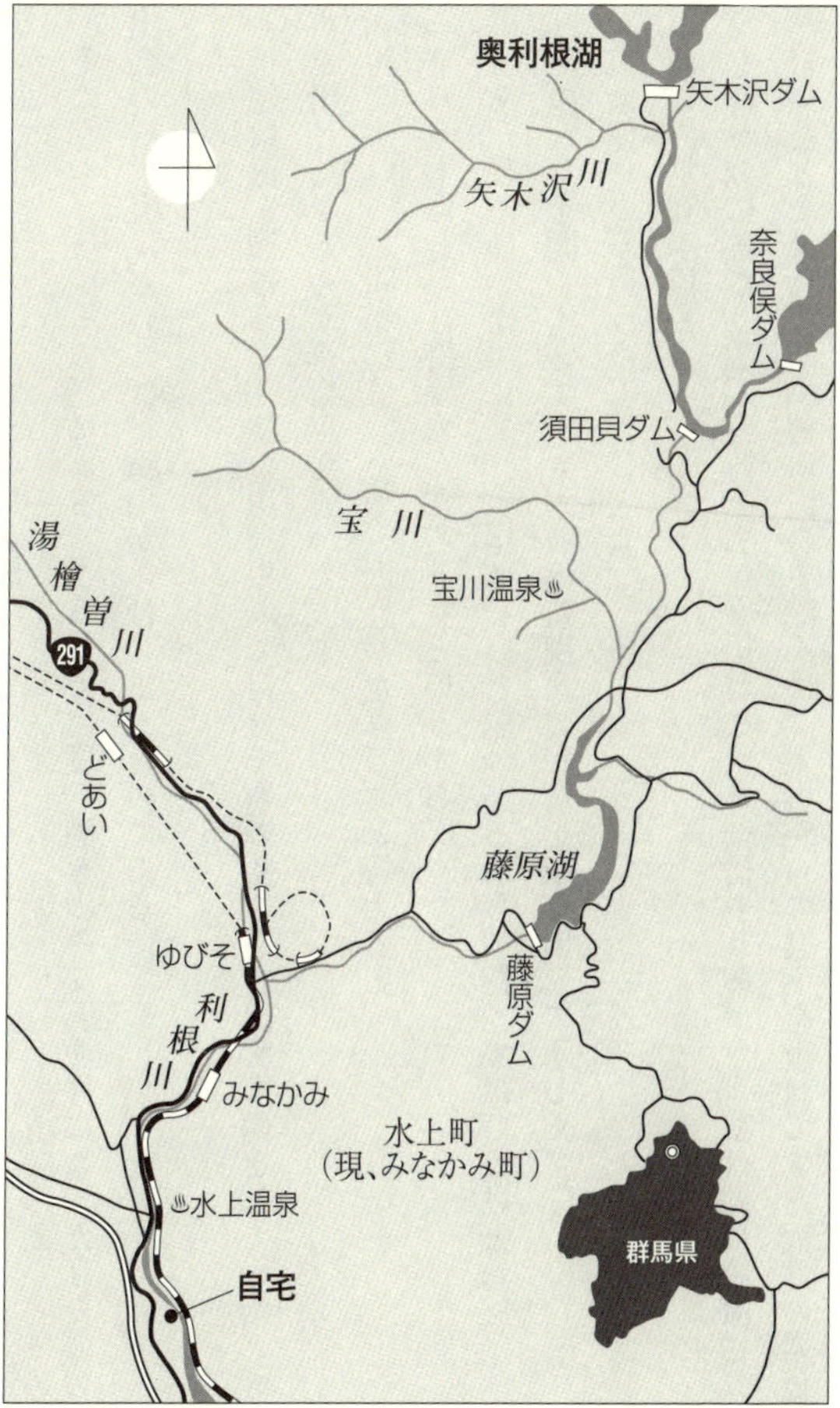

奥利根湖
矢木沢ダム
矢木沢川
奈良俣ダム
須田貝ダム
宝川
宝川温泉
湯檜曽川
291
どあい
藤原湖
ゆびそ
利根川
藤原ダム
みなかみ
水上町
（現、みなかみ町）
水上温泉
自宅
群馬県

この日、酒を呑めない彼にしては珍しく、ビールを空け、酒を空け、焼酎に手を延ばすまで付き合ってくれた。

そのうち、いつもの話になる。こうして何度も酒を汲み交わす仲になった私たちの出会いは、実はといえば、喧嘩からはじまったのである。

小穂口《こぼぐち》沢を遡ろうと、朝の奥利根湖で自分たちの船を漕ぎ出す準備をしていたとき、声を掛けてきたのが高柳盛芳だった。

「釣りかい」と問われて「いや、沢登りだけど」と答えると、

「竿の一本くらいは持ってんだろう」というから、

「まあ、晩飯のおかずに二、三尾欲しいと思ってるから、持ってはいるけどね」

その言葉を聞くや、すかさず彼は監視員の腕章を取り出して示した。

「実は俺、こういうもんだけどよ」

彼らの常套手段である。

それから私たちは、入漁料を払う、払わないで結構やりあった。私は湖に放流された岩魚《いわな》などではなく、小穂口沢の奥深くに、太古からの営みを重ねてきた天然の岩魚を、それも遡行の合間に釣ってみたかったのだ。しかし、放流された岩魚が沢を遡り、

私の竿に掛かる可能性のあるかぎり、非はこちらにあった。結局、私は問答のあげくに金を払ったが、互いに相手を快く思っていないことだけは確かであった。

それから私は、たびたび奥利根湖で高柳と遭遇することになる。それも決まってこちらが難渋しているときだった。大雨で流失した私たちの船を見つけて、水を掻い出して陸まで運んでくれたり、ナメコ採りの帰りにエンジンが焼きついて立ち往生していた私たちの前に、救世主のごとく現われて船を曳いてくれたり、と出会うそのたびに助けられ、私は彼に頭が上がらなくなってしまった。

それから私たちは急速に親しくなった。いまでは奥利根といえば高柳に声が掛かる。冬の奥利根に登るときなど、無線交信のキー局まで頼むほどになった。

仲間が奥利根の沢を登り、船を積んで帰る途中、白いジープに乗った、アロハシャツを着てサングラスをかけた怖そうなアンチャンに追いかけられた話を聞いたときは、腹を抱えて笑ってしまった。高柳だったのだ。

「気がついたら目の前に高桑さんの船乗っけた車が走ってんだよ。誰か知ってるひとがいるべえ、と思って追っかけたら、逃げ出すんだもんなあ、かなわねえや」

かなわないのはこちらである。相手が高柳だということを知らなければ、それは私でも間違いなく逃げ出す。

たしかに彼は、こわもてのする顔である。鋭い眼光と、威勢のいい啖呵《たんか》は、その筋の関係者と見られても不思議はあるまい。それは彼の純粋性から来るのである。正しいと信ずるものへ、一直線に邁進する行動の所以《ゆえん》であり、信義に殉じようとする一本気からである。しかし、彼は馴れればとても優しい、いい笑顔を見せるのである。だが、あくまで馴れれば、のことである。

彼は私より五歳も若い。いわば弟のような、というと「なに、馬鹿なこといってんだ」と怒鳴られそうだから、向こうが兄でもそれはいいのだが、そんな感情をこちら側に抱かせる、男気のようなものが高柳盛芳にはある。

高柳と話していると、よく「矢木沢会《やぎさわ》」の話題になる。私は最初、なんのための会なのか、よくわからなかった。たしかに奥利根にはダムの下流に矢木沢があるが、水が悪く、岩魚は少ない。釣りびとである高柳たちには、興味の持てる沢ではあるまい。「そうじゃねえんだよ。正式名称は、『奥利根の自然を愛する矢木沢会』だ。矢木沢は矢木沢ダムのことさ。矢木沢をきれいにすべえと思って、昭和六十三年に仲間と相談して作ったんだ。釣りびとたちの集まりだけど、メインはあくまで矢木沢をきれいにすること。矢木沢に遊びにきた仲間たちが、目についたゴミを持ちかえる。それだけ。つまりはゴミ集めの会さ」

ゴミ拾い以外の唯一の事業といえるのは、会員たちが不用品を持ち寄ってオークションを行ない、その利益で純血の日光岩魚を放流していることくらいである。

二十八人ではじめた矢木沢会も、いまでは二百人を超える。会の目的を、奥利根の自然を護るためのゴミ拾いに徹することだけに絞ったのは、高柳の驚嘆すべき先見性である。こうした組織にありがちな、あれこれと付加価値を求めていったなら、これほどひとも集まらず、長くも続かなかっただろう。

しかし、いくら奥利根の自然を護るといったところで、ダムの存在自体が、すでに壮烈な自然破壊なのは明らかである。昭和四十二年、矢木沢ダムの完成によって二億四百立方メートルの水を湛えた奥利根湖が誕生するまで、原生の奥利根は職漁師の渓《たに》であった。渓という渓に、放流とは無縁の天然の岩魚が群れ、釣りびとたちは奈良沢に架かる畚《もっこ》渡しを越えて、いまでは湖底に沈んでしまった一軒宿の湯の花温泉を根城に、魔物が棲むという伝説の奥山を釣り遊んだのである。

それがいま、夜間の揚水発電によって下流のハヤが汲み上げられ、バックウォーターを軽々と越えて、本流の巻き淵にまで遡上してしまった。湖には巨大なコイやワカサギや放流岩魚、そしてブルーギルやブラックバスまでが群れ泳ぎ、奥利根湖はも

高柳が矢木沢と呼ぶ奥利根湖。
完成以前は、渓越えの径を持たない未開の地であった。

片道三十数キロの道のりを、
船を積み、黙々と通った日々があった。

はや国籍や魚種を問わない壮大な実験生簀《いけす》の様相を呈しているのである。

「奥利根の自然を護る」という名目を高だかと掲げてみても、奥利根が本来の自然の形態を失ってしまっている以上、高柳の主張は正当な視点から見れば詭弁《きべん》と捉えられても不思議ではない。

「それじゃあ俺にどうしろっていうんだい」

と高柳は目を剝くかもわからない。彼が奥利根に通いはじめた当初から、原生の自然はすでに失われていたからである。それをあえて「奥利根の自然を護る」と謳ったのは、これ以上奥利根湖をゴミに埋もれさせたくないという、彼の無力感を基底にした、悲愴な決意の現われと私は解釈したいのである。

矢木沢ダムを訪れて、湖に船を乗り入れ、釣りやキャンプを楽しむひとは年々増え続けている。そのひとたちのもたらすゴミの量は、矢木沢会の手がけたものだけで、年間四トンにもおよぶという。おそるべき量であり、それはまた、ゴミを捨てるひとたちの、おそるべき無自覚さである。

会長でこそないが、高柳は矢木沢会の実質的な発起人であり、世話役である。初期の会員はすべて高柳の釣り仲間である。それが口コミで会員が増えていき、当然のことだがさまざまな雑音や不協和音が出てくる。それがつらい、という。

高柳は、学校を出て車の修理工を二年やってからバーテンダーになった。水商売が性に合っていた。怖いもののない時代だった。

仕事は夜だから、釣りには行けた。釣りの手ほどきは祖父からである。毎日、おかずを釣りに目前の利根川に竿を出したという。

夜の仕事を好都合に、彼は連日のように矢木沢に通った。ルアー釣りである。通ううちに、やがて彼は、ゴミに埋もれていく奥利根の自然をどうにかして護れないか、と考えはじめたのである。地元意識も無論あった。

奥利根を護ろうという意欲が、彼を漁協の監視員にした。昭和五十四年のことである。

水上の自宅から矢木沢ダムまでは、片道三十二キロメートルある。その距離を、毎日のように船を曳いて通い続けるのは、金も情熱もただ事では済まない。

仕事を持っていては、とても矢木沢を護ることはできない。そう思い立った彼は、突然あれほど性に合っていたバーテンダーを辞めて、奥利根に没頭してしまうのである。収入の目算が、なにひとつあったわけではない。

そんな彼を無条件で支えたのは、奥さんの絹代さんである。信じられない強靭さだといっていい。仕事を変える、というのなら話はわかる。しかし、いかに奥利根の自然を護るという大義を掲げたところで、所詮は無収入の道楽とみられても仕方がない。それを、なにひとつ文句をいわず、生活のすべてを支えながら送り出すというのは、夫婦愛といってしまうには並大抵の覚悟では勤まるまい。

貧乏暮らしがはじまった。矢木沢に通う日々が続く。そんななかで彼が出会ったのは、釣り仲間たちである。やがて毎日のように矢木沢にいる高柳に、船の便や、釣りの案内を頼む者たちが出るようになった。

「いっそのこと、ガイドになっちまえばいい。そう思ったんだよ」

奥利根の釣りガイド、高柳盛芳の誕生である。

貧乏暮らしの果てに出会った釣り仲間たち、それが高柳の財産であり、いまの自分を支えてくれている、という。

高柳を取材した、あるエッセイストが、彼を評してこう書いた。

「現在の日本で、唯一釣りのガイドで飯の喰える男だ」と。

しかし、現実はそう甘くはないのである。シーズンの、それも週末だけに訪れる釣りびとの案内だけで飯を喰っていくのは、不可能といっていい。

だいたいが、この国のレジャーに対する認識そのものが未成熟なのである。レジャーを余暇、つまりは余った暇、と訳しているようでは底が知れる。暇とは作り出すものであり、捻り出すものである。遮二無二《しゃにむに》働いてもいい。そうして、のうのうと、悠然と、ときにがむしゃらになって遊び切る暇こそがレジャーというものである。

彼は、修理工時代に習い覚えた技術を磨いて、船のエンジンの修理もするようになった。客のいない冬は除雪作業員に変身する。まことに逞しい生きざまである。そして、奥利根マリンサービスという会社を作った。

地元といっても、正確には違う。矢木沢ダムの本当の地元は、藤原集落だからである。いくら矢木沢の自然を護ろうと高柳が通い続けても、彼ら地元民からすれば、所詮他所者にほかならない。だから軋轢《あつれき》も少なくなかった。

「苦労したよ。わかってもらうまでは大変だった。でも、努力、その積み重ねしかないんだよ」

いま彼は、利根漁協の組合員であり役員である。ルアーフィッシングに理解の薄かった組合の内部に働きかけて、奥利根湖にルアーを解禁させたのは、高柳の功績である。だからといって、ブラックバスなどの外来種の移入はさせたくない、という。奥利根の魚たちの現状を崩したくないのである。

何度か高柳の自宅を訪問しているうちに、私はどうしても理解できないあることに気づいた。足繁く通う私を、奥さんはもとより、子供たちまでもが嫌な顔ひとつ見せずに歓待してくれるのである。これは簡単そうに見えて至難である。あれほど覚悟の据わった奥さんならば、さも、と思えるのだが、子供たちまでが自分たちの客のようにもてなすのは尋常のことではない。

なぜだ、と問う私に、

「ファミリー」

高柳は、短くそういい切った。

ひとつのことを、家族全員が考え、悩み、よろこぶ。そして家族が離れ離れにならずに、ひとつの仕事を核にしてまとまっていく。それが高柳盛芳の、家族の理想なのだという。

私は、思いがけない彼の返答に絶句した。そうか、ファミリーだったのか。それならば子供たちにとっても、父親の客を自分たちの客として歓待するのは自然の成り行きになる。しかし、そのことを家族全員が当然のこととして受け止めるまでには、夫婦を主体に、確固とした信念を基盤にした話し合いの積み重ねがなければならない。

「何度も話し合ったさ。文句があればとことんいい合うし、理解するまで話し合うん

奥利根湖に注ぐ割沢に入った。古いマタギの切り付けを探しながら、
岩魚の顔も見ようというのだ。周辺の山と谷は高柳の庭に等しい。

さ。なあ」

そう投げかけられた息子は、以前は抵抗もあったけど、いまではそれが一番いいかたちだと思ってます。そういって笑顔を向けた。

おとぎ話のような家族であった。ギスギスしがちな現代にあって、日本にはきわめて稀な大陸的な家族感を基にして、この家族はまとまっているのであった。

「いま、民宿をやりたいと思ってるんだ。それなら家族みんなでやれる。釣りで知り合った連中が気楽に来れて、それを母ちゃんと倅《せがれ》たちが切り盛りして、俺は釣りさ。それが夢だな」

そろそろ本拠地を地元の利根川に変えたい、という。矢木沢はもう沢山だというのである。それは無力感でもある。できてしまったダムが消えて奥利根が本来の姿に戻るはずもなく、湖底には膨大な堆砂が横たわって日々厚みを増し、湖面には有象無象《うぞうむぞう》のゴミが浮遊している。半生を奥利根の自然を護ることに捧げても、ゴミは増える一方であり、訪れる者たちの自覚は一向に改善されない。注意を促す高柳を、あんたは何者だ、とさえいわれる。

――本当に矢木沢を離れられるのか。

私は笑いながらいった。

「駄目だな。俺がいなければ、矢木沢は終わりだろうな」

聞くまでもないのである。弱ったふり、といってもいい。奥利根を護ってきたこの男の存在の確かさというものは、実にこれから極まっていくのである。歴史が、この男を見捨てたりはしないのである。

高柳のまわりには、多くの男たちが集まる。それは彼らが、暴れん坊の若い日のままに、自説を曲げずに突き進む高柳に、見果てぬ夢を託しているからにほかならない。

（取材：一九九五年　初出：「渓流」一九九六年春号）

会津奥山の蜂飼い

松本雄鳳

ブナの根開《ねびら》きが日増しに広がり、雪解けの水を含んだ渓《たに》の流れが温《ぬる》むと、会津の山里に遅い春が訪れる。

梅が小さな花弁をほころばせ、レンギョウ、コブシ、ユキヤナギ、そして桜と堰を切ったように花開き、モノトーンの山里がいっせいに華やぎの色に埋め尽くされていくさまは、季節の再生というより、むしろひと春ごとの季節の誕生であり、爆発である。

雪の少ない地方の花が、季節の訪れを感知して後先を違《たが》えず咲くのに比べて、雪国の浅春の花は、雪解けの土の温もりを感得して一気呵成《いっきかせい》に咲き競う。

山里に注がれた、ひと雫《しずく》の春の使者は、里を華やかな色彩で覆い、山波にブナの芽吹きの淡緑の帯を駈け登らせて春を告げ、そうして会津の山は、豊穣につつまれていく。

蜂の話になると、松本の口調は俄然熱を帯びる。
その眼差しは少年に近い。

春霞に浮かぶブナの新緑と残雪の白、粉をふいたような山桜の、艶《あで》やかで儚《はかな》い季節の彩りに誘われて、春の会津の山やまに、いく度も小さな旅を重ねてきた。

ブナの微細な花の向こうに、トチの巨樹が白い大輪の穂を開かせ、山桜が緋色の若葉とともにピンクの可憐な花をつける。

花のあいだを、せわしなく移動して蜜を求める蜂の一群がいる。蜜蜂である。その群れを操って、ブナの森の恵みで暮らす蜂飼いが会津にいるという。

蜜蜂の知識の皆無に等しい私は、ブナの森に咲く花が養蜂に適していることなど知るよしもなかった。

脳裏に、花の前線とともに北上して採蜜を繰り返すジプシーのような蜂飼いの一団がある。漂泊の民を思わせる彼らへの、淡い憧れがある。

会津の地にどっかと腰を据え、ブナの森に蜜を求めて蜂を飼うひとの存在を知って、鼓動が騒ぐ。

創世の原点といっていい原生の森から、私は汲めど尽きない慰藉《いしゃ》を受けてきたが、その森は彼にとっても動かせない存在に違いなかった。

ともにブナの森を語れるだろうか。

そのひとに無性に会いたくなった。

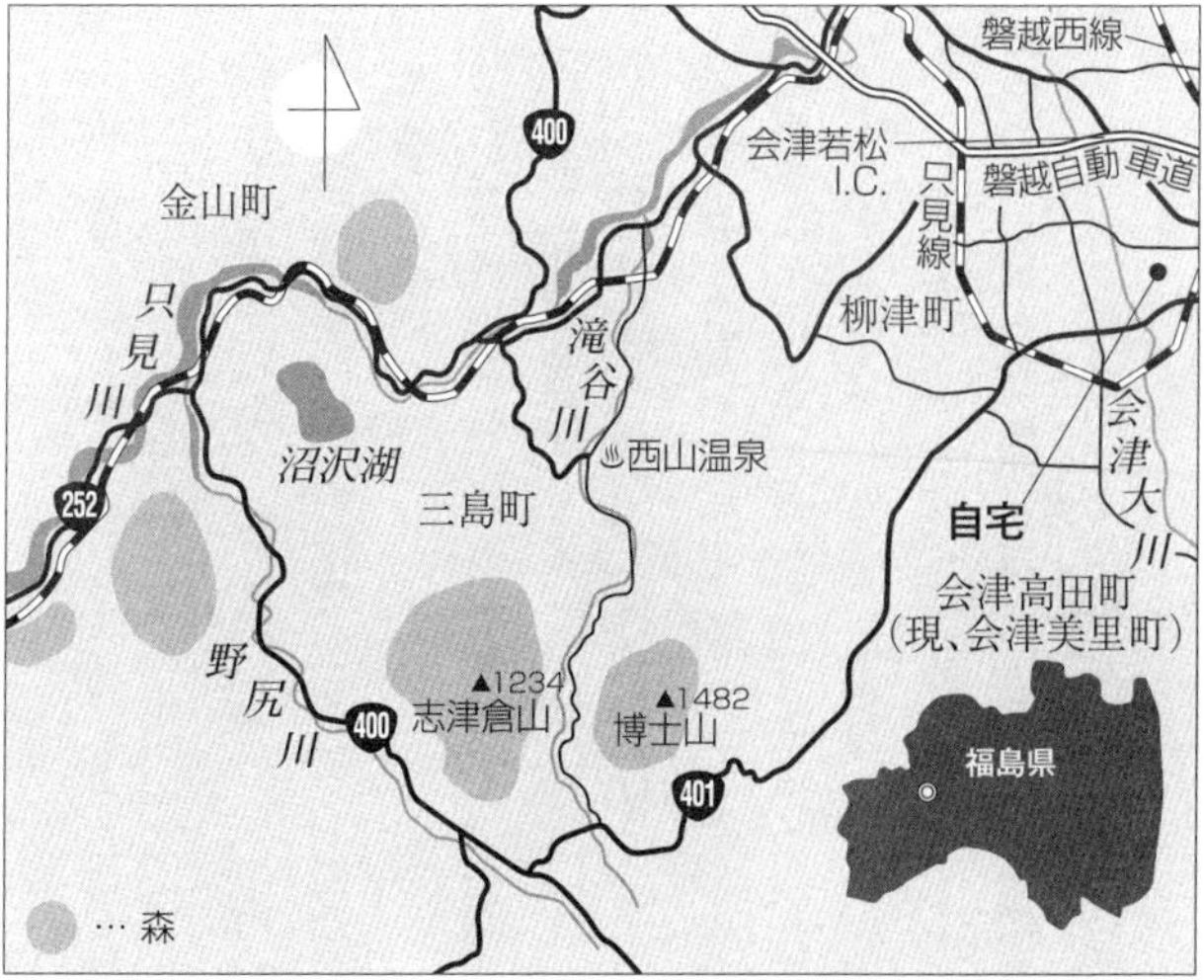
磐越西線
400
会津若松
I.C.
只見線
磐越自動車道
金山町
只見川
柳津町
滝谷川
会津大川
沼沢湖
西山温泉
252
三島町
自宅
会津高田町
（現、会津美里町）
野尻川
▲1234
志津倉山
▲1482
博士山
400
401
福島県
… 森

会津川口の駅が待ち合わせ場所だった。駅の背後を流れる只見川の朝靄《あさもや》が消えて、梅雨入り間近の空から陽が降り注ぐ。

やがて現われた松本雄鳳《ゆうほう》をひと目見るなり、私の内で即座に了解するものがあった。狷介《けんかい》と慈愛。相克する内面の両極をいささかも損なわずに熟成を重ねてきた会津人の顔がそこにあった。

生まれ育った会津の地から一歩も動こうとしない頑な一徹を背景に、世界を語る先進性を持つのが私の知る会津人であった。

たやすく胸襟《きょうきん》を開こうとしない矜持《きんじ》と、付きあい出したらとことん語り合う開放性の内在する落差は、歴史に苛まれた風土がもたらしたものだろうか。

ブナの肌に手を当てて、山の鼓動が聞こえる、といった老人。ゼンマイ小屋に佇んで腕を組み、山波を見据えてひとと自然を語った小屋の親父。越後との交易の歴史によって育まれた食の文化を、さりげなく守り伝えようとする山里の女たち。

松本雄鳳の相貌に刻まれた深い襞の向こうに、何度も通いつめ、やっと心を開いて私に会津の風土を教えてくれたひとたちの顔がよぎった。

巣箱はさほど遠くない、という松本に導かれて、彼の車に乗りこむ。

雪解けの水を湛えた只見川をわたり、山間の林道を登ると、かたわらの空き地に二十個ほどの木製の巣箱が南を向いて整然と並べられていた。巣箱の下端に設けられた出入口から、蜜蜂たちがせわしなく飛び交っている。

煙を嫌う蜂の習性を利用した燻煙器で、巣箱に煙を振りかけて取り出した巣房に、夥しい蜜蜂がいた。蜜蝋《みつろう》で作られた小さな六角形の巣穴のそれぞれに、艶をおびた蜜がのぞく。

巣箱は上下二段になっており、それぞれに数枚の巣房がある。

「この一箱で三万から三万五千匹の蜂が入ってます。蜂は働き者で、昼は蜜を採りますが、夜はひと晩中羽ばたいて蜜の水分をとばします。休むということを知らないんです。

働き蜂は中性化した雌で卵は産めません。働き蜂の数が圧倒的に多くて、あとは少数の雄蜂と、巣箱に一匹の女王蜂がいます。女王さんは、一日に自分の体重とほぼ同じ、千五百から二千の卵を産みます。女王さんの寿命は二年から三年ですが、ほかの蜂は三十五日前後です。私たちはミツバチだから三十八日だ、といってます。

この一箱が一群で繁殖を繰り返すんですが、開花に合わせて世代交代しながら数を増やして、秋は逆に一箱一万匹くらいまで減っていきます。蜜蜂は冬眠しない代わりに、越冬のための貯蜜をしますが、それを人間が搾取するわけです。誰が教えたわけでもないのに、たいしたものです」

寡黙に見えた松本だったが、蜂の話になると熱を帯びる。

「女王蜂は発情すると、外で待ち受けている雄の群れに向かって飛び込んでいくんです。一回の交尾で十四前後の雄と交わりますが、雄はその瞬間に精嚢《せいのう》を引き抜かれて即死します。女王蜂が交尾するのは、あとにも先にもこれ一回きりです。あとは数年にわたって、体内に蓄えた精子から少しずつ受精して産卵を繰り返すんです」

のっけから蜜蜂の凄まじい生命のドラマが飛び出す。

女王蜂は、ほかの蜂とまったく同じ卵から産まれる。特別なのは、下向きに作られた女王蜂専用の巣座に産み落とされることだけで、あとは働き蜂たちによってローヤルゼリーと呼ばれる乳液を与えられて、出産専門の巨大な蜂に育て上げられていく。飛べないはずの女王蜂は、発情期になると急速に体が縮み、生殖のための、生涯ただ一度の飛行に備えるのである。

交尾できなかった雄蜂はどうなるのだという愚問に、当然すべて無駄死にです、と彼は笑って答えた。

春の風が、樹木の葉末を揺らして通りすぎていく。樹間の彼方に、雪を残した岩越《がんえつ》国境の山波が見えた。

「蜂の飛行距離は、目標物のある沢沿いだったら十キロメートルは楽に飛びますね」

二、三キロメートルがせいぜいだと思っていた私は、松本の言葉に素直に驚く。

「巣箱は三、四キロメートルごとに置きます。それぞれに十五から二十箱ぐらいでしょうか。昔は一ヵ所で五十も六十も置けたんですが、森が減ってしまってどうにもなりません」

収穫する蜜の量が、そのまま森の豊かさを計る物差しなのである。森の衰退の証左が目の当たりにあった。

「春の採蜜は山桜からはじまります。山桜の蜜は、冬を過ごした蜂たちの体力の回復に使われますから、収穫量は多くありません。

いまはトチの最盛期です。だいたい三、四日で巣箱いっぱいの蜜が貯まります。七、八キロというところでしょうか。持ってみますか?」

蜜の詰まった巣箱は、ずっしりと重かった。その手応えが、そのままブナの森の恵みだった。

蜂の巣箱には神秘がある。
このひと箱の三万五千匹は、どんな統率のもとにあるのだろう。

蜜蜂は、幾何学模様の達人に違いない。
中央の丸いものが女王蜂の巣房。

ハウス栽培のイチゴの受粉は、
蜜蜂の存在なくしては語れない。

蜜蜂の嫌う燻煙器。
これを巣に吹きかけて蜜蜂を遠ざからせ、蜜の収穫をする。

森の巣箱から、蜂たちがいっせいに花を求めて飛び立っていく。
蜂を見つめる松本の眼差しが、かぎりなくやさしい。

勧められるままに、蜜を舐めてみる。整然と並んだ巣を前に、ためらっていると、「そのまま巣を潰《つぶ》して指ですくい取ってください。巣は蜂がすぐ元通りに直しますから」という。

指で潰すと、無色に近い透明な光沢を帯びたトチの花の蜜がまとわりついてくる。口に含んだ瞬間は、滑らかでさらりとした感触だけがあった。それが、ほんのわずかな間をおいて、口中に上質の甘さが広がっていく。瞬間の無味がもたらす、際限のない甘味の拡散であった。その芳醇な香りと甘味のハーモニーが私を魅了する。

「すごいですね」

それ以外に言葉が浮かばなかった。松本の標榜する「ブナの森の贈り物」を、私はたしかに受け止めていた。

「新鮮ですからね。このトチの蜜が一番人気があります。日本人向きなんですね」

私はかねてからの疑問を口にした。季節を越えて咲く花の時期を、移動することなくどう乗り切っているのか、と。

「標高です。季節によって標高を変えるんです」

松本は、こともなげにそういった。

北から南に移動して花を求めるのではなく、同じ条件を標高を変えることによって生み出していたのである。

会津の森の蜂飼いは、標高を旅してきたのであった。

「春なら金山町《かねやままち》のこの辺り、標高五百メートル付近のトチが対象ですが、夏になるにつれて八百メートルから千メートルラインを狙います。トチに変わってリョウブやコシアブラが対象になります。これがおもしろい味なんですよ。ただ、年によって採れる蜜の種類が一定しないのが難です。それと、標高が上がると実におもしろい現象が起きるんです」

無為徒食で、蜂に喰わせてもらっている、と冗談混じりに語る松本だが、養蜂にかける情熱が、次々と言葉を紡ぎ出していく。

「リョウブの花なら、春のこの時期にも咲きますが、蜂はあまり喜ばない。それが、夏の標高の高いところになると、リョウブの花に真先に飛んでいくんです」

それは受粉効率の差ではないか、と彼は推測する。蜜蜂の嗜好《しこう》の差ではなく、標高が高く、条件の悪い山に咲くリョウブは、里の花より蜜を多く出して蜂を呼ぶ、というのである。

蜂が勝手に蜜を採っているように見えて、実は花が蜂を自在に操っている、という花と蜂の共存は、花を求めてブナの森をめぐる松本にしてはじめて目にできる、自然界の営みだろう。

この日、何ヵ所かまわった巣箱で、私は二度、蜂に刺された。思いのほかの激痛であった。刺し貫いた針は、蜂の体を離れてからも毒を出し続けるという。

蜂に刺されたまなじりと手首は、その後、二週間ほど腫れ上がったままだった。しかし、私は満足だった。私は蜜蜂の逆鱗を甘んじて受けた。刺された箇所を見ているだけで、蜂たちと触れ合った六月の午後を思い起こすことができたからである。

松本雄鳳は昭和八年生まれの六十四歳。父が早逝して郊外に移ったが、生家は会津若松市内の造り酒屋だった。

終戦という激動の混乱期に、松本の兄たちは力を合わせて養蜂という新しい事業に乗り出す。雄鳳が十二歳のときである。彼もまた、ためらいもなく養蜂の道に足を踏み入れていく。

甘味料が不足していた時代で、養蜂に着目した彼らのもくろみはみごとに当たった。しかし、昭和二十三年の砂糖の全面輸入解禁で、蜂蜜の値段は三分の一に暴落して窮地に陥る。

道を外れた山間に、ため息の出るような空間があった。
棚田がいとおしい。蜂たちの巣箱は、この奥の森にあった。

それまでは、小群数の蜂の飼育で充分採算が取れていたのだが、蜜の値の暴落とともに、大群数の飼育に切り換えざるをえなくなる。

それからが大変だった。小群数と大群数の飼育とでは、蜂の育て方がまったく異なるからである。試行錯誤と失敗の連続だったという。飼育していた蜂を全滅させたことは、いく度となくあった。管理の難しさである。

同業者を訪ねては教えを請い、学ぶ日々が続いた。松本の粘り強い向上心は、このころに身に付いたといっていい。

大群数の飼育に自信を得た松本は、攻めに転じた。蜂を引き連れて行商に出たのである。先兵は、歳若い雄鳳の仕事だった。山形や宮城や新潟といった近隣の山やまに、採蜜に適した地を求めてバイクを走らせ、ここぞという場所を定めて蜂を送りこむのである。

彼の読みはことごとく当たった。伐採などで地元の蜂飼いが放棄した場所で、綿密に調査を重ねた松本は抜群の成績を上げたのである。

「失敗の連続が現在に繋がっています。すべて蜂たちから学びました。蜂に教えられた人生みたいなものです。事業が軌道に乗ってから兄が亡くなりました。ほっとしたのかも知れません。完成者になってはいけないんですね」

常に前向きに、それが松本の変わらぬ姿勢である。

大群数の養蜂が軌道に乗ったのも束の間、ふたたび深刻な問題が起きる。彼らを支えてきたブナの森の伐採と、輸入蜂蜜の増加による販売の伸び悩みという二重の打撃である。

考え抜いた松本は、ひとつの結論に達する。蜜を花ごとに分けて売り出したのである。商品のラベルに「ブナの森の贈り物」と大きく銘打ち、その下に、トチや山桜などの蜜源を明記した。同時に彼は、同業者が見向きもしなかったリョウブやコシアブラなどの、夏の花にも注目して積極的に採蜜に乗り出す。それまで地方の産物に過ぎなかった蜂蜜を、人材派遣会社と契約して全国に販売網を広げていくのである。

それは発想の転換そのものだった。養蜂の仕組みを変えるのではなく、日本の食文化の変化に対応して経営戦略を変えたのである。

ブナの森の豊かさが見直され、自然保護の機運がようやく浸透しはじめた時代だった。松本の背水の陣ともいえる経営方針の転換は、ここでも成功を納める。残るは伐採の続くブナの森を、どう守るかだった。

「戦後の二十年代に比べて、収穫は十分の一に減りました。それだけ森が少なくなっているんです。

養蜂は産業です。地方からの発信なんです。森にかぎらず、この国の農業はどっかでおかしい。薬漬けの農業はいずれ滅びます。外国なんかでは、害虫は天敵の虫を利用したりしますが、日本はまだまだその意識が足りません」

森が海の生命を育みおよぼす因果関係は、すでに明らかにされている。森の恵みで暮らす蜂飼いにも養蜂権が認められていい、と松本はいう。

彼の甥が養蜂を継ぐ決意をしたのを契機に、松本はブナの森を守る運動に身を投じた。

博士山《はかせやま》に延びる広域基幹林道をはじめとする数々の無軌道な伐採への反対運動に、積極的に参画していくのである。

それはもう、養蜂を守る闘いではなかった。ブナの森の恵みは、森に暮らすものたちだけでなく、人間にとって欠かすことのできない存在だからである。

この秋、彼らは会津の森を守るために、行政に対してひとつの訴訟を起こした。松本たちの狙いは環境裁判である。ひとと自然は、どう共存していくべきかの根源的な問いかけである。

磐越道ではクマが車に跳ね殺され、山麓の東山で、餓死したイヌワシが見つかった

思わず手にとってみたくなる
蜂たちの精。

松本の自宅に泊めてもらった夜、
奥さんの久子さんが、とっておきのSP盤のジャズをかけてくれた。

という。行政は必死にこれを隠した。

森の獣たちを殲滅《せんめつ》しつくすまで、ひとは自らの過ちが見えないらしい。イヌワシの営巣の証明など必要ではないのだ。イヌワシの棲む可能性を認めた時点で、ひとは森から立ち去るべきなのだ。ひとと自然の共生とはそういうことだ。


葉を落とした山肌の裸木《らぼく》が、おだやかな陽を受けて産毛《うぶげ》のように輝く秋の日。会津若松の郊外にある、松本の店を訪ねた。

蜜蜂をいたわって建立した碑や、苺のハウスで羽を休める蜜蜂たちをふたりで見て歩いた。

その夜は松本の家に泊まった。私たちは酒を酌みながら、さまざまな話を交わした。若い日に買ったという手巻きの蓄音機を奥さんが持ち出して、SP盤のジャズを聴かせてくれた。いい夜だった。

――雄鳳ってすごい名前ですけど、ご自分でどう思われますか。

酔いに任せて、私は不躾《ぶしつけ》な質問を試みた。

「いやというわけではないですが、小学三年までは、自分の名前が難しくて書けませんでした。いつでしたか、ピンクレディーの『UFO』という唄が流行ったとき、これは使えると思いましたね。名前を覚えて貰えるいいチャンスだと」

彼はそういっておどけてみせた。

ひとは年齢に規定されるものではない、とつくづく思う。歳を経ても松本の向上心は尽きることがないらしい。

会津若松の郊外に住みながら、松本雄鳳の視線の先には、いつも会津の森があった。もはや養蜂を超えた、森を守る闘いを繰り広げる松本の脳裏には、彼を教え導いた蜜蜂の群れが舞っているに違いなかった。


（取材：一九九六年　初出：「渓流」一九九七年春号）

仙人池ヒュッテの女主人

志鷹静代

霧の垂れこめた仙人《せんにん》池のほとりに着いたとき、ふたりの疲労は極限に近かった。それは、満を持して臨んだ剱沢《つるぎさわ》大滝が、大雨と増水で十字峡から一歩も進めずに追い返されたことから来る虚脱と無縁ではなかった。

昨日の朝、私たちは扇沢で車を待った。一般者の通行できない関電専用トンネルを、特別の許可をもらって仙人平に抜けようというのである。

車道の終点から発電所を結ぶ「インクライン」と呼ぶ地底のケーブルカーは整備のために動かず、軌道の端のコンクリートの階段を歩いて降りた。幅七十センチ足らず、高差四百メートルに及ぶ急勾配の階段は、いきなり荷を背負って降りはじめた私たちの膝を、真綿で締めつけるように苛《さいな》んだ。

しかし、そのおかげで、日電歩道を通って十一時前には十字峡に着いた。晴れてさえいれば、剱沢を遡って充分に大滝に取り付ける時刻だった。

この景色がいちばんのご馳走だっちゃ。
志鷹静代は、この池のほとりで半生を過ごしてきた。

朝から降りはじめた雨は本降りになっていた。雨を避けて様子を見るつもりの十字峡の広場が、その日の宿になった。風をともなって勢いを増した雨は、ツエルトの薄い布地を通して入りこみ、シュラフも持たず、雨具ひとつで横たわる私たちを容赦なく濡らした。

雨の糸が夜目に白く際立ち、風の裂け目に出合の滝音が、高く低く響いていた。

翌朝になっても雨はやまなかった。きょう一日待ったとして、剱沢の増水が引くとはとても思えず、私たちは失意のうちに十字峡をあとにした。

糠雨《ぬかあめ》がまとわりついて体を濡らしていく。色づきはじめたナナカマドの実が、雨滴を受けて艶やかに光り、小さく風に揺れていた。

夕方の定時交信に間に合わそうと必死でここまで登ってきたが、これから二股に降りて、仲間の待つ真砂沢《まさご》まで辿る意欲を失っていた。

「泊まっちゃいましょうか……」

「そうしますか……」

「なんなら飯付きで」

「いいですね」

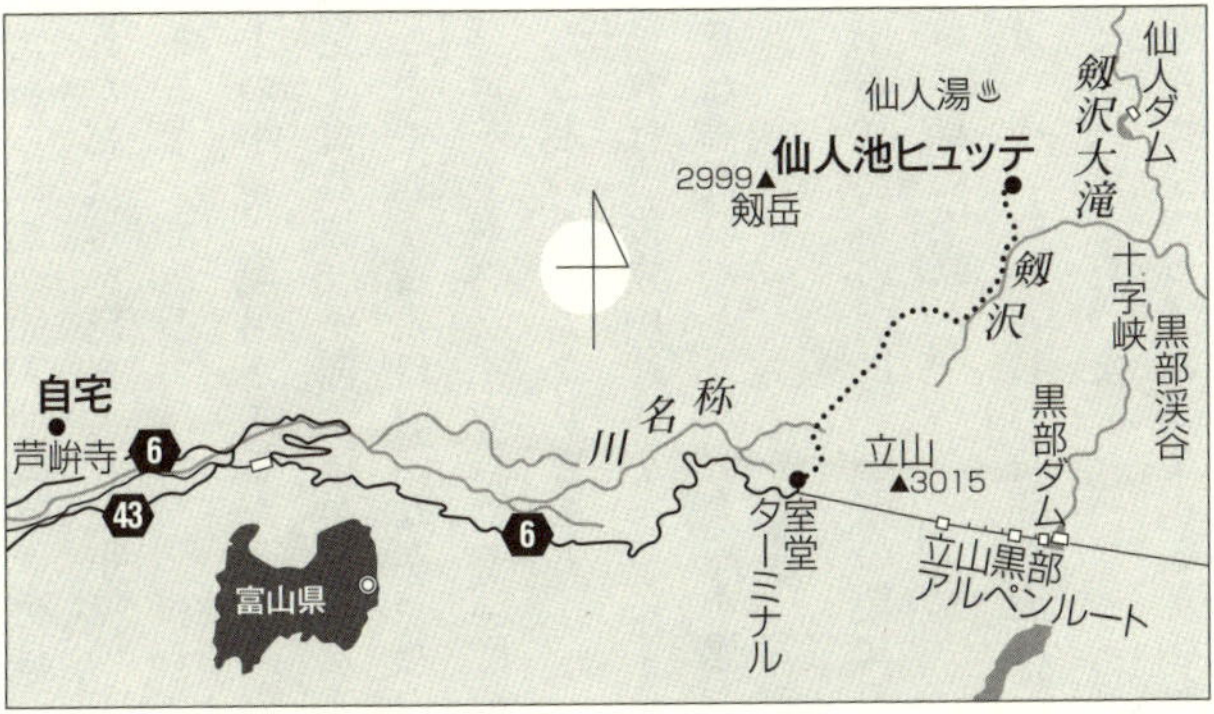

仙人湯
仙人池ヒュッテ
2999
剱岳
剱沢大滝
仙人ダム
十字峡
黒部渓谷
剱沢
称名川
自宅
芦峅寺
6
43
6
立山
3015
室堂ターミナル
黒部ダム
立山黒部アルペンルート
富山県

池のかたわらに建つ仙人池ヒュッテは、静かな佇まいをみせていた。そぼ濡れた私たちを招き入れた小屋の主は、なにをさておいても、と風呂を勧めた。

「風呂があるんですか！」

この山上の小屋に風呂があるなどと、思ってもいなかった。すぐ下の仙人温泉の、豊かな湯量を溢れさせた露天風呂が私たちを魅了したが、温泉に浸かってしまっては、とてもここまで辿り着く自信がなかったのである。

粗末なツエルトやフライで岩壁や渓底《たにぞこ》に夜を過ごし、もう十年以上も飯付きの小屋に泊まったことのないふたりである。

晴れていれば、後立山《うしろたてやま》連峰を一望にするという檜の風呂に浸り、体の隅々まで溶けていきそうな愉悦のなかで剱沢大滝を思った。

風呂を出た私たちの前に、小屋の親父のものだという着替えが置かれていた。何気ない心遣いが身に染みた。

小屋には、ゆったりとした時間が流れていた。泊まり客は思いのほか少なく、私たちを含めて十人ほどだった。

二十人も入ればいっぱいになりそうな食堂にストーブが焚かれ、登山客が思いおもいにくつろいでいた。天井のぐるりには、小屋の周囲で撮影した写真や絵が、ところ狭しと飾られている。

小屋のおばさんが、気さくに話しかけてくる。

「あんたさんはどこかで見た顔だね」

客の少ない日は、泊まり客の話を聞き出すのが楽しみだ、という言葉に誘われて、素通りしたことさえない私は「よくある顔だからですよ」と苦笑混じりに答えた。

こんなに客が少なくては商売にならない、と嘆く風でもなく語るおばさんに、収容数はどれくらいか、と尋ねた。

「繁盛している小屋なんかじゃ、畳一枚にふたり以上も泊めるっていうけど、一畳ひとりの勘定で八十人ってとこ。それでもいっぱいになることなんて、まずないわ。多いときで三十人ほどかねえ」

豪雪で鳴る剱岳である。雪に閉ざされて、小屋を開く期間は七月初めから十月半ばまでの、わずか百日足らずに過ぎない。

「せめて小屋の名前とおんなじに、シーズン通して千人も泊まってくれればどうにか商売にはなるんよ。小屋を開ける準備やなにやらで、だまって四、五百万はかかるから、あんまり儲からんちゃ。そんでも年寄りが里で百万稼ぐ大変さ考えれば、ありがたいと思ってるけど」

百日千人でいいのなら、一日十人の計算だが、そううまくはいかない。当然のように泊まり客は週末にかたよる。誰も泊まらない平日は寂しいもんだ、とそれでも彼女は屈託なく語る。

「畳の数だけ客が入ったら、みんなにお銚子一本ずつ付けるよっていうとるんよ」

取材でもなく、大滝の登攀に失敗して偶然に一夜の宿を求めた小屋だというのに、いつか知らず、彼女の話にひきこまれていた。

名前を問うと、

「見かけと逆でね、静代といいます」

恥ずかしそうに、そう答えてくれた。


それから私は、彼女からいくつかの話を聞き出した。立山町《たてやままち》の芦峅寺《あしくらじ》に住むことや、六十六歳であること。姓を志鷹《したか》といい、その姓は芦峅寺の周辺にしかないらしいこと。小屋の主である夫の新正《しんせい》が、昨年の冬に病で倒れ、やむなく静代が、従業員の相沢増平とともに小屋を切り盛りしてきたこと。

芦峅寺といえば、立山・劔の名ガイドを数多く輩出してきた山の村だ。山域に点在

目覚めると、夕べまで濃霧に覆われていた窓の外に、
裏剱が端座していた。

する山小屋の多くが芦峅寺のひとびとによって拓かれ、営まれてきた。なかでも仙人池ヒュッテの名物親父として知られるのが志鷹新正である。

「クモ膜下出血だったんよ。医者には助からないから身内を呼べっていわれてね。だけどそれから持ち直して、後遺症は残ったけど、どんどん元気になっちゃった。その前にも脳梗塞が二回あって今度でしょ。まわりからは化けもんっていわれとるわ」

化け物どころか怪物である。その怪物にして、病み上がりでいきなり小屋に上がって来るまでは回復していないらしい。

「なんにも仕事ができんでも、ただ座っていてくれるだけで、えらく違うんだけどねえ」

復活を期す夫を語るとき、静代の顔がほんの少しだけ曇った。

小屋に入ったとき、風呂場に案内してくれた初老の男性が相沢増平である。富山のひとだという彼は、この小屋に入って五年になる。控え目で面倒見のいい性格が見てとれた。事情を知らない私たちは、小屋に入った瞬間に彼らを夫婦だろうと思ったのだが、その気配を察したように静代がいう。

「間違われるのはもう慣れっこよ。だけど私はもう女は卒業しているし、ここまで来ると男も女もないもんだわ」

客の多い日の厨房は戦場と化す。
しかしそれは、静代にとってなにより嬉しい生き甲斐なのだ。

安全を冗談に託して客を送り出す。
客の満足が、静代の満足でもある。

そう語るあいだにも、彼は忙しそうに立ち働き、静代もまた相沢さん、と呼んで適確に指示を与えていく。経営者としての揺るぎない姿がそこにある。

夕食を済ませてから、私たちは二階の部屋に上がった。窓の外は闇に沈んでいた。小屋の造りに不似合いな、黒く燻《くす》んだ太い梁が頭上にわたされていた。その梁が、膨大な雪に苛まれたこの小屋の歳月をみごとにあらわしていた。

目覚めると、夕べまで濃霧に覆われていた窓の外に、裏劔が端座していた。静まり返った薄明の大気のなかに、切っ先鋭い岩峰群が天を裂いて居並んでいた。それは、重厚な表劔を見慣れた者の眼にとって、新鮮な視角であった。華麗な岩峰群の輪舞に見えた。

——すごい眺めですね。

私は食堂に降りるなり、そういった。

「この景色が一番の御馳走だっちゃ」

これほどの尖峰群《せんぽうぐん》を眺められるのは、おそらく日本でもここだけだろう。

早い朝食を摂《と》った客たちが慌ただしく旅立ち、小屋にはふたたび静かな時間が流れはじめていた。

ここから山頂が見えるのだ、という言葉に、柱に掛けられた双眼鏡を手にとって覗くと、八《や》ツ峰《みね》の六・七峰の切れこみの向こうに、朝早いというのに、鈴なりの登山者を乗せた剱岳のピークが視野に飛びこんできた。

客を送りだした束の間のくつろぎに、静代は小屋の生い立ちを語り出す。

昭和二十九年の春、志鷹新正に嫁いだ静代は、その月にはもう追分の小屋に入った。山小屋は現金収入があるからいい縁だ、といわれたけれど、持ち出しばかりが多くて苦労のし通しだったという。新正が外出するときは、外でなにがあるかわからないからと、有り金すべてを持たせて送り出すが、この亭主は金を遣い果たすまでは家に帰らないのである。

やがて追分の小屋も、アルペンルートの開通によって経営が難しくなり、新正は新天地を求めはじめる。

いくつか候補地はあったが、裏剱を目前にする仙人池に立ったとき、彼はこの池の畔《ほとり》に小屋を建てることを即座に決めた。それは志鷹新正の直観であり、先見の明である。

「それが苦労のはじまりだっちゃ。儲からんもん」

静代が笑いながらいう。

仙人池ヒュッテは、昭和三十五年に開業した。静代が小屋に入ったのは、その三年後である。以来、夏の三ヵ月を彼女はこの小屋で過ごしてきた。足の弱った近年は、荷上げのヘリコプターに同乗して小屋に舞い降りる。なんとも派手で豪快な小屋入りである。

「あのひとが倒れたとき、いっそ小屋を他人《ひと》に任せるかって話にもなったけど、食事が心配で上がってきたんよ」

他人に任せると、どうしても食事は即席ものになりがちになる。それが彼女には耐えがたかった。

他人に小屋を任せても儲けは薄く、うまく行って収支とんとんではどうにもならない。それならいっそ、自分が小屋に入ったほうが少しは儲けが出る。それは長く小屋を営んできた静代の、経営に対する自信ともうかがえた。

刻の移ろいとともに、窓の格子に区切られた裏剱の岩肌のひとつひとつの襞が、高く昇った陽射しを受けて装いを変えていく。

目的を失った私たちは、ようやく小屋を辞し、それでも来年の偵察に剱沢を大滝近くまで下り、滅多にない機会だからと、淡く色づきはじめた立山の稜線を縦走してから帰路についた。

かあちゃんは小屋の人気者だ。
かあちゃんに会いたくて、遙かな道を登山者はやってくる。

小屋の手前の道端に、花を終えたチングルマが、
風に揺らいで凛としていた。

一週おいた次の週末に、私はひとり、小屋を目指した。室堂《むろどう》に立つと、紅を増した山肌が眼に染みた。その冴えた色に呼応して、谷間の緑や空の青が深かった。

昼近く、剱御前《つるぎごぜん》で弁当を広げ、どっしりと途方もなく大きい剱岳に見ほれた。秋も深まるというのに、剱沢を膨大な雪渓が埋めていた。源治郎尾根の岩肌に散る切れ味鋭い紅葉が、ひときわみごとだった。澄んだ秋の陽射しに映えたかと思うと、日影に淡く沈む樹木の彩りを、飽かず眺めた。

真砂沢からは足早に駆けた。小屋に泊まるならと荷物を減らしたが、取材のための機材が重い。それでも小屋の手前までに十四人を追い抜いた。数えたのは、小屋に泊まるはずの客の数を静代に告げるためだった。

小屋を見下ろす尾根に立ったとき、私は自分の迂闊《うかつ》さに気づいた。もう四時を過ぎていた。この時間に、あと十四人の客があるのなら、いったい小屋はどうなっているのか。

思ったとおり、小屋は混雑をきわめていた。芋の子を洗うような客のあいだを、志鷹静代と相沢増平が鬼神のごとく駆けめぐっていた。

「見たとおりなもんで、なんの相手もできんでごめんね」

静代は済まなそうにいうが、そんなことはどうでもよかった。

まるで水を得た魚だった。忙しく立ち働きながら、誰彼となく声をかけ、そこに軽妙な掛け合いが生まれる。これほど痛快な山小屋の女主人も滅多にあるまい。それが彼女の自然体なのだ。久方ぶりの大入りの客に、彼女は全身で躍動していた。

狭い食堂の、三度にわたった入替えの夕食は、さながら戦場であった。

小屋への登りで追い抜いた、上市《かみいち》からだというふたりの若い女性が、小屋に入るなり、

「また来たよ、かあちゃん、手伝うよ」

と告げ、当然のように炊事場に飛びこんでいく。

食事の最中に、

「ここの飯は北アルプスでもピカイチだ」という声が上がる。

「褒めてもなんにも出んよ。その代わり、お代わりはいっぱいあるからね。味噌汁は馬の足を洗うほど作ったから食べとくれ」

すかさず静代の声が飛ぶ。

料理の品数と種類の豊富さに加えて、彼女が摘んで漬けた雪笹や岳ワラビの山菜が並び、手作りの温かさを伝えてくれる。他人に任せるわけにはいかないという、食事

にこだわった静代の面目躍如である。特に金をかけているわけではない。心が籠もっているのだ。心が籠もるというのは、手間ひまがかかる、ということだ。

客の食事が一段落するころ、私たちは遅い食卓についた。食事をしながら、忙しく働き続けた彼女たちに、小屋との付き合いの歳月を尋ねた。常連に違いないと思ったからだ。それがまだ二度目だと聞かされて、私の驚きは尋常ではなかった。

二度目というのに、彼女たちは静代を「かあちゃん」と呼び慕い、心底楽しそうに手伝うのである。それは紛れもなく、静代の明るく挟雑物《きょうざつぶつ》を感じさせない人柄のゆえだろう。

この日、消灯間際に飛びこんできたふたりを含めて、五十七人の宿泊客があった。今年一番の記録である。ひとり一本のお銚子付きには届かなかったが、志鷹静代にとって、会心の客捌きに違いなかった。

中高年の登山が盛んになり、百名山に殺到する時代である。剱岳もまた、日本百名山の重厚な一角を担う山だ。しかし、この小屋は剱岳への前進基地というより、むしろ裏剱を眺めるための小屋である。山頂に向かうには、一度剱沢の二股に下りて、ふたたび登り返さねばならないからだ。剱岳に登るだけなら、ほかに近くて便利な小屋

仙人池のほとりで、裏劔の尖峰群を背にして佇む、
志鷹静代と相沢増平。

がいくつもある。

仙人池ヒュッテは、日程にゆとりを持ち、裏剱の独特の景観を味わう山旅をする者たちの小屋だ。山頂を目指すだけではない登山者が訪れるということは、とりもなおさず、小屋もまた客を厳選していることになる。

そしてそれが志鷹新正の、この地に小屋を建てた真の狙いではなかったか。


山旅の安全を冗談に代えて、賑やかに客を送り出す静代に、

「また来ます」

と告げて、私は小屋をあとにした。

風のない穏やかな午前だった。帰路をハシゴ谷乗越《だんのっこし》にとった。乗越の、展望台と記された高みに胡座《あぐら》をかいてひとり座り、静代の作ってくれた握り飯を食べながら、剱沢を挟んだ対岸の、南仙人山の肩に佇む、小屋の赤い屋根を遠く眺めた。

私は仙人池ヒュッテを、登山者の殺到する小屋になって欲しいとは思わない。それは登山者にとっても幸福なことではないだろう。

仙人池ヒュッテのような小屋もあれば、その一方で定員の何倍もの客で埋まる小屋もある。どちらも協定で値段は変わらない。

ただ、はっきりしているのは、投資に見合う客が入らなくなったとき、志鷹新正と静代は、いともたやすく小屋を畳むだろう、ということだ。彼らはもう若くはない。

身動きできないほどの登山者で溢れる小屋が繁栄し、畳一枚にひとりも満たない小屋が姿を消していくとしたら、そこに需要と供給という単純な問題だけでは割り切れない不条理を私は感じてしまうのだ。

ふたりが小屋を去ったとしても、仙人池と剱岳は変わらず残る。誰かが小屋を継ぐかもしれない。それはそれでいい。しかし、志鷹新正と静代の仙人池ヒュッテは、現在ただいましかあり得ない。

「せかせか登る時代じゃないわ。ゆったりと山を眺めて登る時代だっちゃ」

池のほとりに立ち、裏剱を見つめて語る静代の顔が蘇った。

（取材：一九九六年　初出：「渓流」一九九七年夏号）

檜枝岐の雪が極めたワカン作り

平野茂

夜来の雨が雪に変わっていた。

檜枝岐《ひのえまた》川に沿って寄り添うように軒を連ねる家なみのあいだを、風に煽《あお》られた雪の帯が、群がりながら吹き抜けていった。

鈍色《にびいろ》の空から、湧き上がるように暗く重い雪が舞い落ち、季節の名残りの色彩を覆いつくしていく。

背後に迫った山稜の高みに、葉を落とした裸木の群れが象牙色の枝を広げてたたずみ、山裾の散り残った紅葉が、降りしきる雪の帳《とばり》の向こうに霞んで見えた。

「雪で大変だったでしょう」

畑に出ていたという平野茂は、戻るなりそういって私を迎えてくれた。

ストーブのかたわらに敷かれた布団に、病んだ妻が横たわっていた。春先に患い、

冬は民宿を閉じて、
ワカン作りひと筋の暮らしになる。

若松の病院に入っていた彼女は、半年近い入院を終えて、まだ一週間足らずだった。

その妻をいたわるようにして、平野茂は、夫婦で長く営んだ七入《なないり》小屋の時代を懐かしそうに語りはじめた。

「大津岐《おおつまた》川で釣ったときは、三キロ以上入る箱に八つ釣ったかなあ。さすがに重くって、持ち帰るのに苦労しました」

釣った岩魚《いわな》は囲炉裏《いろり》のそばで乾し上げてから、型を揃えて数尾を一連にして売るのである。乾した岩魚は、戻して煮つけにしたり、出汁《だし》に使うなど、当時の山里の貴重な保存食だった。

「いまのひとたちに話しても、話だけでは信じてもらえんようですが、まるで釣り堀のようでした。浮いてるのも沈んでるのもいて、淵のなかが岩魚でまっ黒に見えるほどで。それがもう、最近はめっきり少なくなってしまって」

渋沢小屋の上手から沢に降り、三条ノ滝まで釣り遡ったこともある。岩魚は釣れたが渓《たに》が険しすぎて、岩魚が欲しいか命が惜しいかの選択をしないかぎり、二度と行く場所ではない、と思うほどの体験をしたという。

七入小屋は釣り宿であった。釣りびとたちは、平野夫婦が世話する七入小屋を根城に、檜枝岐川の上流に広がる、魚影豊かな支流の数々を釣り遊んだのである。

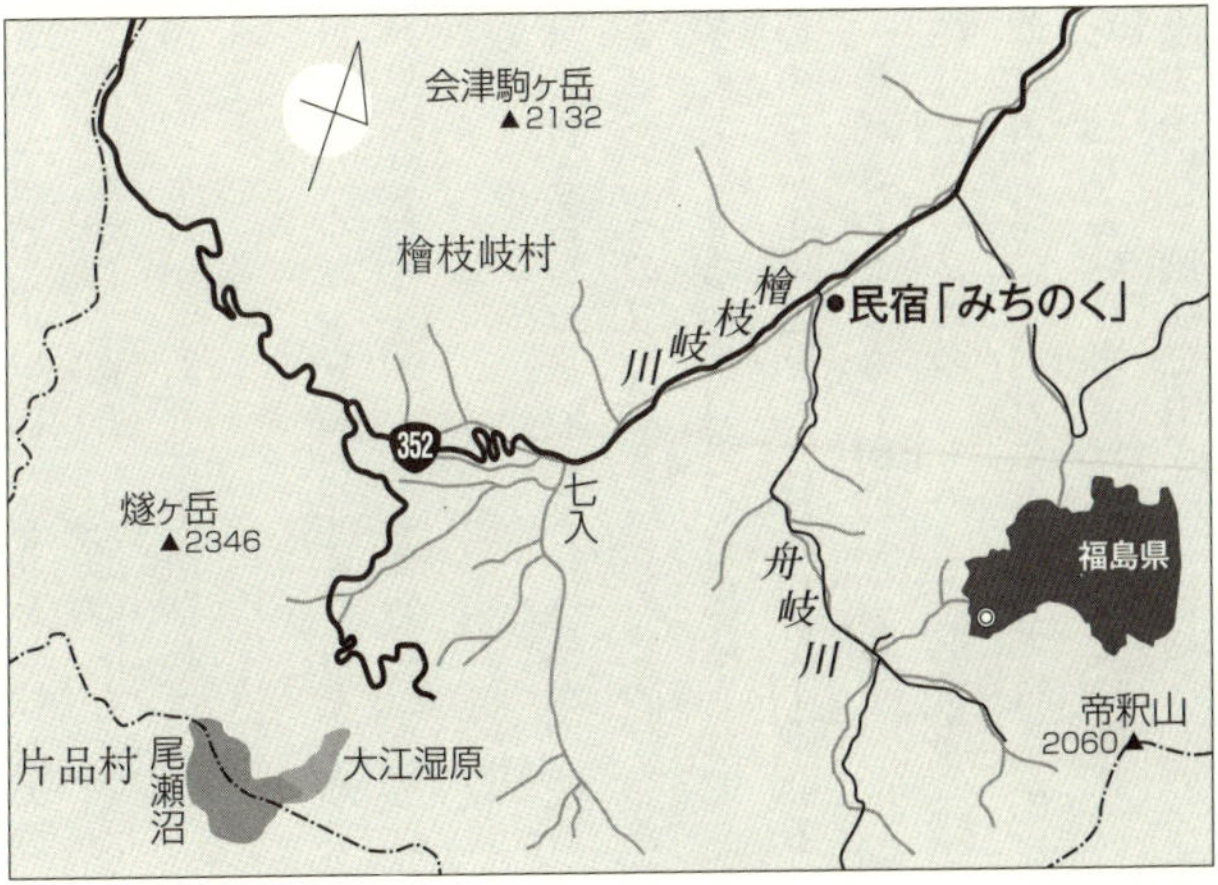
会津駒ヶ岳
▲2132
檜枝岐村
檜枝岐川
●民宿「みちのく」
352
七入
燧ヶ岳
▲2346
舟岐川
福島県
帝釈山
2060▲
片品村
尾瀬沼
大江湿原

十七年も営んだ七入小屋に見切りをつけたのは、岩魚の減少もさることながら、檜枝岐に温泉が出たからである。交通の便もよくなり、同じ泊まるなら檜枝岐の民宿で温泉に浸かり、そこから釣りに出掛ければよい、と釣り客が思っても無理からぬことだった。

平野茂は、七入小屋を畳んだ年に、自宅を増築して民宿「みちのく」を開き、そのかたわら、習い覚えた「ワカン（輪かんじき）」を作って生計を立てたのである。

平野茂との付き合いは長い。それは私が、彼の作る「和一《わいち》のワカン」を使いはじめてからのことだ。そのワカンをはじめて眼にした私は、ひと目で気に入ってしまった。

雪国の冬に欠かせない民具として伝承されてきたワカンは、楕円《だえん》の形に曲げて組み合わせた蔓《つる》の左右を爪とともに縛り、足を乗せる「乗緒《のりお》」と呼ばれる紐を差しわたしただけの、単純きわまりない構造である。

深い雪に沈まないための、その一点を目的に編み出されたワカン作りの伝統は、飛騨から東北におよぶ豪雪地方に点在して残るが、多少の差はあるにせよ、基本的な構造がまったく同じという事実は、まことに興味深いのである。目的を同じくする道具が、作り出す過程で無駄を削ぎ落とされた末の、究極の形に導かれたのだ、といっていいかも知れない。

それらのワカンのなかで、平野茂の作り出す、檜枝岐の「和一」は際立っていた。細身の蔓のしなやかな優しさといい、雪からワカンを抜きやすくするための、先端のわずかな反りといい、なにより竹の紐で編んだ左右の接合部は、ほかのワカンには見られない独特の形状と機能美を醸しだしていた。

実用一点張りというと、外見を無視した無骨な形を想像しがちだが、「和一のワカン」は、隅の隅まで実用そのものによって生み出された美しさに満ちていた。

実用に供されなくなった多くの民具が、民芸品という名のみやげ物に成り下がり、ほかの地方のワカンが、実用という名の無骨な代物に変化していったのに比べて、和一のワカンだけが、機能美に裏打ちされた稀に見る美しさを兼ね備え、生き続けてきたのである。

蓑《みの》や藁沓《わらぐつ》などの雪国の冬の民具が姿を消していくなかで、ワカンが唯一生き残ってこられたのは、冬山登山者によって使われ続けてきたからだ。

「和一のワカン」を使いはじめた私は、ほかには目もくれず、これ一辺倒になった。三千メートルのピークに立とうとすれば、ワカンの表裏を逆にしてアイゼンと併用する技術を強いられたりするが、先端の反りによって裏返すことのできない和一のワカンは、その急場をも、強靭な爪で凌《しの》いだのである。

三年前の春、新潟の川内《かわち》山塊の雪稜で、アイゼンをなくして途方に暮れたことがある。春の雨が前線の通過による気温の低下で氷結し、千メートル前後にすぎない川内の全山を氷の鎧で覆った。アイゼンがなければ、退くもならず、進むことすらままならない窮地であった。

頼るのはワカンだけだった。よるべない状況のなかで、和一のワカンは恐るべき威力を示した。ザイルにすがりながら、後ろ向きに氷の山稜を下る私の足元で、体重を正確に受けて爪を軋《きし》ませながら氷に食い入っていくワカンを、私は驚きの眼で見下ろしていた。

和一以外の、どのワカンにも成しえない芸当だった。左右の爪の片側が、かろうじて入るほどの氷の硬さだった。爪の強靭さもさることながら、撓《たわ》みながら体重を支えた蔓のしなやかさが、いまも脳裏に甦る。

私の冬山を支えてきた和一のワカンも、もう永くは続かない。後継者もおらず、三代続いた和一のワカンが、平野茂の代で終わるのは、ほぼ間違いなかった。

私はストーブのかたわらで、夫婦で夜突きをしたという平野の、若い時代の話を微笑ましく聞きながら、取材には滅多に応じない平野に頼みこみ、ワカン作りのいっさいを見せて貰った冬の日を思い返した。

「和一は私のお祖父さんで、私で三代目です。その前からワカンは作っていたようですが。いまの形に統一したのはお祖父さんらしいです」

屋敷の奥の作業場で、輪材を手にして組み合わせながら、平野茂はそう語った。

雪に閉ざされたこの地方にはめずらしく、背後の窓から冬の陽射しが注いでいた。

「作り方は初代のまんまです。和一というひとは、鉈《なた》と鑿《のみ》と小刀だけでワカンを作ったようですが、私の親父が多少改良をして、鉋《かんな》や丸鑿を作って、私はそれを受け継いで使っているだけです」

そういいながらも、彼の手はよどみなく動き、かたわらに置かれたさまざまな道具を巧みに使い分けていく。

輪材である蔓《つる》は、ミズキとウワミズザクラを使う。秋口に山から伐りだした木を、丸ごと入る特別に作った容器で煮て、柔らかくしてからワカンの形に曲げておき、それを乾燥させるのである。

「煮るとシナ（しなり）がよくなります。お祖父さんは焼いて曲げたようですが、私は煮てます。一定に焼いて曲げるのは難しくって。反りもそのときに付けます」

ストーブの上に置かれた鍋の湯がチリチリと音を立てて滾《たぎ》り、鑿や鉋を使う音とともに、心地よい調和と緊張を醸していた。

鍋のなかに、束にした竹の紐が煮込んであった。その竹は、和一のワカンの真骨頂ともいうべき要《かなめ》の材料だった。

ウワミズザクラとミズキという、硬い木と柔らかい木の、細い部分と太い部分を交互に組み合わせ、左右を竹の紐で締め上げていくのである。

それはまるで手品であった。ただ巻きつけるのではなく、ひと巻きごとに止めを入れていくのだが、何度見ても私には、その縛り方が理解できなかった。

「檜枝岐でワカンを作るひとは何人かいましたが、この縛り方をするのは和一だけだったようです。八回から九回ほど巻きますが、この巻き方をしていると、どこが切れてもほどけません。針金の方が効率がいいし、手間も楽だからって勧めるひともいますが、ほどけるのが嫌ですし、このほうが使い勝手がいいようで。それに、お祖父さんのときからの縛り方を変えるのも嫌で……」

ワカンを縛る竹の紐は、周辺の山に生える根曲がり竹を使う。一本の竹を四つに割り、表面の皮を幅を揃えて薄く削ぐのである。

竹は二、三年ものが一番いいが、最近は都会から来る竹の子採りが増えて、いい竹が少なくなったという。

「蔓の材料の木を伐り出すのもなかなか大変で。カモシカが角を研ぐもんで、幹をやられます。太い木を採ったつもりですが、乾燥すると細くなってしまって」

作業を眺めているうちに、私は大きな勘違いをしていることに気づいた。

ワカンは前後の蔓を結わえた左右の接合部に、雪面を捉えるための爪を組み入れるのだが、私はすべてのワカンが蔓と爪を同時に縛るものだと思いこんでいた。それが「和一」は、双方の蔓を先に縛っておき、その隙間にあとから爪を打ちこむ手法をとっていたのである。

竹の紐で締め上げた蔓のあいだには、隙間などないに等しい。縛り終えたワカンの接合部と楔状《くさびじょう》に尖《とが》らせた爪を、鍋で煮て柔らかくしておいてから、木槌《きづち》で叩きこんでいくのである。

眼を洗われる思いであった。一緒に縛りこむよりも、あとから爪を打ちこむほうが比較にならないほどの強さを生む。そうでなくては、あの氷の山稜を凌ぎきる強靭《きょうじん》なワカンが生まれうるはずがなかった。

爪は硬いナラの木で、蔓の一方に柔らかい木を用いるのは、爪を打ちこむときの膨らみを考慮した結果である。

爪は硬いナラの木を使う。蔓との接合部を鑿で削る。
足も立派な道具だ。

熱湯で柔らかくした蔓に爪を打ちこむ。
ワカンに魂を吹きこむ瞬間だ。

ストーブの上の鍋には、根曲がり竹が煮込まれていた。
この竹が蔓に強靭な命を与える。

祖父の和一以降、
父が考案した道具が数々ある。

失敗も多く、その大半が爪を入れるときだというが、それは製造過程の難しさを思えば当然のことだろう。五十本の竹から二十足のワカンができれば上出来だ、という言葉から、苦労のほどが偲ばれた。

檜枝岐では、ワカンは冬の山仕事の欠かせない道具だった。燃料にする薪の伐りだしはもとより、山中から伐採した材木を乗せる「木馬《きんま》」と呼ばれる橇《そり》を操るには、雪面を正確に捉える爪を持つワカンが必要だったのである。

爪と蔓と竹の紐の、たった三つしかない材料を、吟味した天然の素材に求め、合理性と実用性を極限まで追い求めて作り上げた機能美こそが、和一のワカンの真髄にほかならなかった。

柔らかな冬の陽射しが、硬く澄んだ陰りを帯びるころ、平野茂は作業を終えた。朝から暮れ方までの作業で、でき上がったワカンは二足だった。それも仕上げ段階での二足である。山からの伐りだしや、煮て、型をつける手間を合わせれば一日一足にも満たない。

「それでも冬のあいだの退屈しのぎで、いくらかの収入にはなります。見たとおり火を多く使いますから、どうしても冬のほうが楽です。冬場は民宿を閉めてワカンだけ

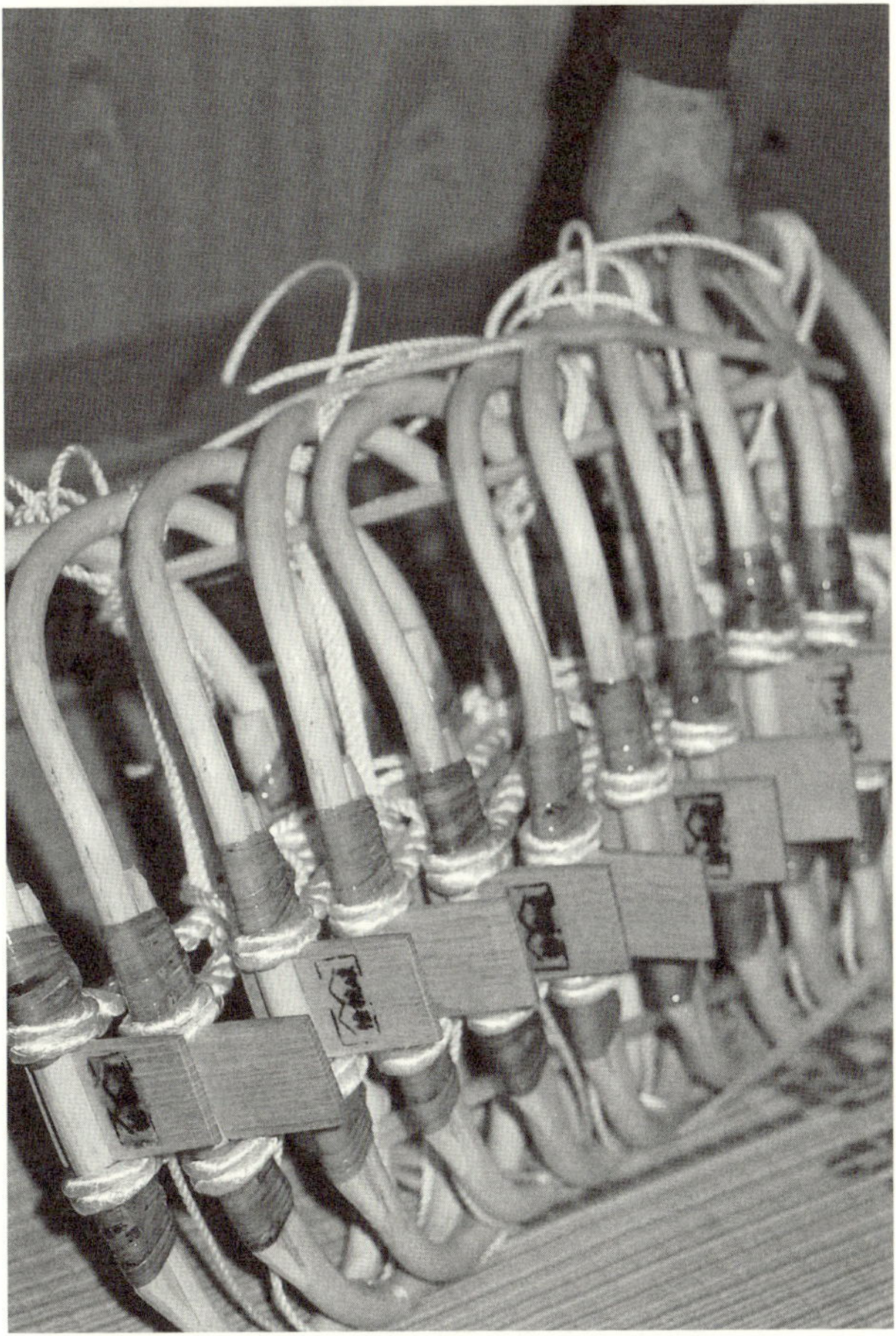

完成したワカンたち。
これはもう、芸術である。

しか作りませんが、ひと冬で百足ちょっとです。失敗も多いですし。

若いころはこの仕事がいやで、恥ずかしくって。習ったのは大分前ですが」

ワカンを作りはじめて三十数年になる。何人かいた檜枝岐のワカン作りも、彼ひとりになった。いくら技を覚えて家での作業はできたとしても、歳をとって山に入れなくなったらワカンは作れない。ひとに頼んで材料を揃えても、自分で吟味したものでなければ納得のいくワカンができないからだ。

「何度か辞めようと思っても、注文が来るとまたはじめてしまって。長年やっていると、名残り惜しくなります。和一の名前がなくなるのも寂しい気がして」

爪を入れたワカンは、左右の接合部のあいだを、乗緒と呼ぶ、足を乗せるための紐をわたして完成品になる。その結び方を、私はどうしても見たかった。

乗緒は、使い手の意志をワカンに伝える駆動軸であり、ワカンの性能を最大限に引き出す一方の要であった。ワカンは乗緒によって命を与えられるといってもよかった。

「昔はシナの木の皮を使ってましたが、いまはナイロンの紐が評判がよくて。紐（乗緒）は私の姉さんが全部やってます。あの結び方は難しくって、私にもできません。ですから、どっちかが駄目になったら和一のワカンもお終いです」

風前の灯にも似た現状を、平野茂はさらりといってのけた。

晴れた空の下に、淡い新雪をまとった山肌があった。裾野を縫うようにして、落葉松《からまつ》の黄葉が晩秋の輝きを放ち、朝の光を返す檜枝岐川の奥に、燧《ひうち》ヶ岳が端正な白い姿を横たえていた。

根雪にならないうちに、材料を採りに山に行かないと、と平野は別れ際にいった。和一のワカンを使い、その作り方をつぶさに見届けた私は、ようやく和一のワカンの正体に思い至った。

細身のしなやかな蔓も、先端のわずかな反りも、頑丈な爪も、すべては檜枝岐から尾瀬にかけての、軽くて乾いた雪に適応するために編み出された、技の結実だった。峰続く、片品村《かたしなむら》の猟師たちの注文が絶えないというのも、そう考えれば頷けるのである。

村内は少なくなったが、東北の登山用具店からの注文が多く、それも蔓を太く、大きめのワカンにして欲しいといわれるらしい。

重荷を背負う登山者にして当然の注文は、とりもなおさず、和一のワカンが、重い雪質に苛まれる東北の登山者からも認められた、ということである。

それは、実用を追求して妥協することなく変化を重ねてきた平野茂の技が、時代をくぐり抜けていまに生き続ける、紛れもない証である。

昭和三年に生まれてから長い歳月を、平野茂は檜枝岐の山河とともに生きてきた。山椒魚を採り、釣り宿を営み、岩魚を釣り、ワカンを作った。それは檜枝岐の自然に生かされた歳月であった。

子供に恵まれず、あとを継ぐ者もいない平野夫婦は、もうすぐふたりだけの、ワカン作りの冬を迎える。

彼の技を惜しむ声がある。しかし平野にできるのは、自らの命ずるままに、祖父と父から受け継がれたワカンを作り続けていくことだけである。

平野茂が、静かに道具を置く日は遠くあるまい。そしてその日が、檜枝岐に伝わるワカン作りの伝統の絶えるときである。


（取材：一九九七年　初出：「渓流」一九九八年春号）

和一ワカンの爪。刻印の和一は、檜枝岐ワカンの様式を編み出して完成させた、
祖父の和一の名前を伝えるためである。

越後山中に白炭を焼く暮らし

大津勝雄

山の中腹から上は、厚い雲に覆われていた。山と雲の境目が分明であった。暗く沈んだ空の下でさえ、山は青い季節の光沢を放っていた。ときならぬ初夏の台風が近づいていた。風はまだなかったが、ときおり予兆のような雨滴が小屋の粗末なトタンの屋根を叩いて過ぎた。

ここは越後の六日町《むいかまち》(現、南魚沼市)。広大な新潟平野を貫流する信濃川を遡ると山裾が間近に迫り、ひと筋の流れは魚野《うおの》川と名を変える。六日町の郊外で魚野川と分かれた流れは、三国《さぐり》川となって山峡《やまかい》の野を縫い、やがていく筋にも枝を伸ばして国境稜線の山波に吸いこまれていくのである。

平野は海であり、迫り来る山波は島のようでもあった。山影が入り江のように折り重なって裾野を導き入れ、小さな集落を点在させていた。

長身痩軀、眼光鋭く、
大津の風体は武芸者を思わせた。

蛭窪《ひるくぼ》と永松《ながまつ》も、そうした集落のひとつだった。それぞれの集落は三国川に注ぐ五十沢《いかざわ》（川）の流れで分かたれていた。五十沢は、険しさのあまり「イカズ」の語源を持つ、国内でも屈指の険谷だが、集落を繋ぐ橋の上から見下ろす流れは、そんな険しさを微塵も感じさせなかった。

蛭窪の最奥の民家から、軽四輪がやっと通れるほどの林道が小沢に沿って延びていた。五百メートルも進むと沢はふたつに分かれ、出合の台地に炭焼き小屋があった。煙でくすんだ炭焼き窯のかたわらに、ブルーシートで覆われた作業小屋が建てられており、小屋と窯にはトタンの屋根がわたされていた。

小屋の背後から立ち上がる尾根は大割山《おおわりやま》を越えて東に延び、下津川《しもつごう》と五十沢という険阻な渓《たに》を左右に従えながら、低く鋭い頂稜を連ね、やがて国境稜線の三ツ石山《みいしやま》に行き果てる。

この尾根を三ツ石尾根という。膨大な積雪と、雪崩に磨かれた側壁をめぐらす三ツ石尾根は、厳冬季においていまだ未踏であった。

厳冬の三ツ石尾根の突破に照準を定め、長い歳月を費やして準備を整えた私たちは、前年の豪雪の二月に偵察と試登を行なった。深いラッセルと雪崩に苛まれ、ようやく立った尾根の中間の「ジロトの頭」で、谷まで続く広大な斜面をなぎ落ちる雪崩に、

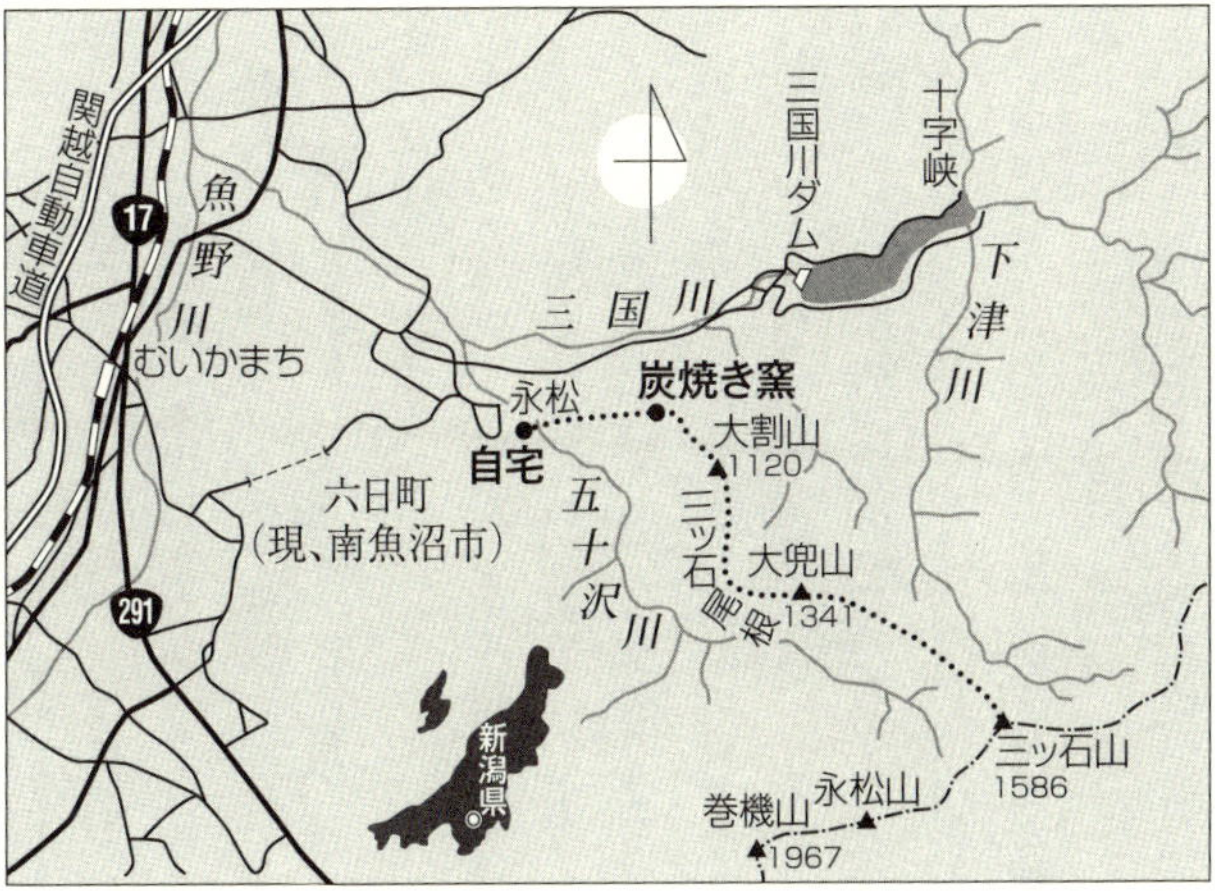
関越自動車道
17
291
魚野川
むいかまち
三国川
三国川ダム
十字峡
下津川
永松
炭焼き窯
自宅
大割山
1120
六日町
(現、南魚沼市)
五十沢川
三ッ石尾根
大兜山
1341
三ッ石山
1586
永松山
巻機山
1967
新潟県

危うく巻きこまれかけて青ざめた。荷上げした食糧は、目印にしていた樹木もわからぬほどの雪に埋もれてありかも知れず、秋に回収に向かった私たちの前に、クマに食い荒らされた残骸と爪痕の刻まれたガソリン容器を無残にさらしていた。

それでも私たちはめげなかった。態勢と陣容を組み直し、ボルテージを上げ、その冬に初登攀を目指してアタックをかけた。そして大晦日の午後、ようやくにして厳冬の三ツ石山に立ったのである。

しかし、前年あれほどあった雪は拍子抜けするほど少なく、藪漕ぎ同然の通過であった。厳冬季とはとても呼べない、腑《ふ》抜《ぬ》けのような三ツ石尾根の姿だった。

山岳雑誌に寄せた記録の末尾に、私は次のように記した。

「……厳冬の厳しさからはほど遠い結果に終わったが、未知未踏の消え果てた時代にあって、いうも恥ずかし厳冬季初登のはずである。公認記録とはいわないまでも、せめて追い風参考程度の記録価値はあるだろう」

そのアプローチで、私ははじめて三ツ石尾根の末端に佇む炭焼き小屋の存在を知った。以前にも通過してはいたが、積雪がすべてを覆い隠していた。雪の少ないこの冬ならではの、僥倖《ぎょうこう》というべき出会いだった。

宿願をなし遂げて惚《ほう》けたようになった私の脳裏で、やがて炭焼き小屋がむっくりと起き上がり、醗酵しはじめた。

入山のおりにお世話になった、地元の遭難救助隊長の上村さんにたずねると、なんと小屋の持ち主は親戚だという。早速私は、上村さんに仲介の労をお願いしたのである。


今朝方、いざなわれるままに蛭窪の上村さんのお宅に上がりこみ、図々しく朝飯を頂戴していた私の前に、小屋の主が飄然と現われた。大津勝雄《おおつかつお》である。彼は私の予想を完全に覆した。炭焼きの風貌など定まっているはずもない。しかし私には、もっと別のイメージがあった。小柄でおだやかな、人生の深淵を見定めたようなそれである。そこに、長身痩躯《そうく》で背筋をピシリと伸ばし、眼光鋭く、触れるものを一刀両断に断ち割ってしまうような男が現われたのである。それはまさしく、武芸者の風体であった。

「私は会社員なんです。給料貰って炭を焼いてます。いまはふたりでやってますが、炭の売上げなんか、われわれの手間賃にもならんです」

炭焼き小屋に私を導きいれた大津勝雄は、いきなり私の予測を超えたところから話をはじめた。話し出すと、風貌からは窺い知れない朴訥《ぼくとつ》とやさしさが滲《にじ》み出た。小屋の囲炉裏《いろり》に、山と盛られた屑炭が燃え盛っていた。

「六日町に東京精鍛という会社があって、私はそこの社員なんだが、会社の敷地のなかにある新潟フォージングという子会社に出向してるわけです」

東京精鍛は自動車部品の製造会社で、業績は安定している。しかし、次代を乗り切るには、現在の業績に安住することなく、地域に根ざした多角的な事業展開が欠かせないと考えた経営者は、自社の技術部門を切り離し、あわせて地元と密着した広範な事業の可能性を探るための新会社を造った。それが新潟フォージングである。

当面の採算を度外視して、思いつくことならなんでもやってみよう、と会社がはじめた募集に多くのアイデアが寄せられ、次々と実現されていった。

アルミ瓦がいいといえばアルミ瓦を作り、野球場がいいといえば、周辺の田んぼを買い取って野球場を造った。野球場に田んぼの表土は不要である。その表土を剝ぎ集めてハウス栽培をはじめ、従業員には有り余るほどいる自社の農業経験者をあてた。このあたりの、小気味のよい経営者の才覚ぶりには、なんとも脱帽するしかない。

そのアイデア募集に、腕に覚えの炭焼きの技術を引っ提げて応募したのが大津勝雄だったのである。

彼の提案はみごとに採用されて、会社は炭焼き事業に進出を決めた。三年前のことだ。

自宅にほど近いこの地は、大津にとって理想の場所だった。傾斜があって木が寄せやすい上に、なにより水が使えたからである。山主と交渉して伐採の許可をとり、窯《かま》を築いた。

朝、家から炭焼き小屋に向かい、夕べに帰る生活がはじまった。幼いときからいだいていた、自然とじかに向き合う仕事がしたいという大津の、ようやく叶った夢の実現であった。しかしそれは、大きな矛盾のはじまりでもあった。

昭和十二年生まれの大津は、この秋で六十歳の定年を迎える。つまり彼は、会社勤めのなかで手に入れた山の暮らしを、定年と同時に失わなくてはならなかったのである。

「炭焼きを続けてくれといわれれば、嘱託という形で残ることになりますが、いまのところ白紙です。ほかに農協の理事もやってますから、仕事がなくなるということはないですが」

会社勤めのかたわらに、大津は先祖伝来の田畑を耕す。彼の作る米は、名だたる越後の魚沼産コシヒカリである。収入に不安があるわけではない。その意味でいえば彼の炭焼きは、仕事としての遊びなのである。人生が輪廻《りんね》だというのなら、彼は幼い日に父とともに過ごした炭焼きの暮らしに、生活の苦渋を背負うことなく、いまようやく遡ってきたともいえるだろう。

「会社は、儲けなんかどうでもいいから後継者を育てて欲しい、といってくれるが、こればっかりは経験と勘がないとどうにもなりません。炭焼きの窯は土が命なんだが、このあたりは土がいい。どこもかしこも炭焼き窯の跡ばっかりで、その土を運んで窯を作ったわけです」

せっかく作った一度目の窯は水が入り、作り直したという。地面に木を組み、その上に石を敷いて湿気を防ぎ、釜の周囲を掘って水はけをよくしてから、ふたたび窯を築いたのである。

「横四尺、縦六尺が四六の窯といって、一般的な窯の大きさです。それで五袋とれます。ほんとは炭焼きは秋がいちばんいい。木が締まりますから歩留《ぶどま》りがいいんです。いまの時期は水分が多くて無駄が出ますから、三袋ちょっとがせいぜいです」

昔は一俵《いっぴょう》といったが、いまは一袋《いったい》という。俵ではなく袋なのである。一袋は十五キロが標準で、売値が三千円というから驚く。一回の窯で五袋出たとして一万五千円だから、たしかにふたり分の日給にも見合うまい。

大津勝雄の焼く炭は、白炭《はくたん》と呼ばれる堅炭《かたずみ》である。白炭といえば備長炭《びんちょうたん》しか知らない私は、何日もかけて低温で焼き上げる黒炭《こくたん》だとばかり思いこんでいた。

「黒炭は八百度前後ですが、白炭は千度で焼きます。黒炭は窯を塞いで冷やしますが、白炭は窯から出して冷やします。木はナラが主体ですが、クヌギやブナもいい。白炭は日窯《ひがま》が基本なんです。無理に毎日出すこともないから、一日おきにしてますが」

日窯とは、炭焼きのすべての工程を一日で行なうことをいう。その工程を彼は二日に分けた。一日目の午後に窯出しと窯入れを行ない、二日目は火を小さく保って焼きつづけ、そのあいだに木を伐り集めて窯入れの準備をするのである。

かたわらの棚に、よくできたという白炭が数本置かれていた。叩くと、鋭く甲高い金属音がした。それはまるで、堅牢な構築物であった。

会社はこの炭を、さまざまな形で売り出した。

「巻機《まきはた》山麓・炊けるくん」「炭太郎」「炭ちゃん」

商品名を聞くだけで微笑みが洩れる。しかしこれらの商品は、決して当たったわけではない。それは販売を担当する会社の企画部門と、生産者である大津のあいだに、炭に対する認識の違いがあったからである。

たとえば「炊けるくん」は、ご飯をおいしくするために米と一緒に炊き上げる、三本五百円で売られる炭だが、不透明の容器からはなかの炭が見えず、表に使用方法が記してあるだけだ。これでは売れない。ご飯と炭を一緒に炊くなど信じられない、というひとのほうが圧倒的に多いのだ。炭を知らない者の立場に立ち、使用方法だけではなく、炭の効能を記さなければ、売れるはずがないのである。

炭はいまや、付加価値で売る時代である。石炭から石油やガスへと移りゆく燃料革命に敗れた炭は、その時点で「滅び去った燃料」という固定観念をも、広く植えつけてしまった。いまだ燃料として使われるのは、バーベキューや焼きとりや鰻など、料理用としてのかぎられた世界でしかない。それよりもむしろ、土壌改良剤や濾過剤、堆肥、活性剤、消臭剤といった、炭の持つ幅広い特性が見直されているのである。

炭焼きの過程で発生する木酢液《もくさくえき》もまた、アトピーなどの皮膚病の薬効や園芸肥料、さらに入浴剤としての効果を持つ。そうした炭の持つ付加価値を知らしめて消費者の購買意欲をかき立て、用途と販路の拡大を図らないかぎり、炭の命脈は依然として危うい。

風が出てきたようだった。窯の煙が風に巻かれて、ときおり小屋のなかに流れこんできた。そのたびに大津勝雄は、煙の色と匂いを探るように風の行方を追った。

「私は永松に住んでます。五十沢の左が三ツ石山まで蛭窪で、右は巻機山《まきはたやま》までが永松

大割山の麓に炭焼き窯がたたずむ。周辺は炭焼きのメッカだったという。
その窯の土を集めて、大津は自分の窯を築いた。

窯に入れる薪の束。煙の流れやすいように逆三角形にし、
窯の大きさに応じて高さを変えるなど、ひとつとして同じものはない。

の共有林だったです。小さいころは学校から帰るとカバン放り投げて、親父の窯の荷下ろしに行くのが日課になってました」

巻機山に近い国境稜線に永松山がある。山名の由来を私は長く知らずにきたが、永松山は、集落の持ち山の境界であることから名付けられた座標軸に違いなかった。遠く離れた辺境の地に集落の名を刻んだ山があり、か細い炭焼きの径《みち》が縦横に通じていたのである。

十五歳で学校を出た大津は、そのまま炭焼きになり、以後十数年にわたって炭を焼き続けた。

「朝は三時ごろからカンテラ下げて、俵を背負って五十沢の奥まで村びと総出で出掛けたもんです。朝は一緒ですが、帰りがばらばらになるのは、腕の差が出るわけです」

彼らの焼く炭がすべて白炭だったのは、窯を築くのが容易だったからである。生活用具や食糧のいっさいを背負い、険しい奥山に小屋を作って泊まりこむよりは、家から通ったほうが遙かに効率がよく、また通える距離でもあった。

窯場に着いて木を伐り寄せ、長さを揃えて束にして縛り、窯入れの準備を整える頃合いに、炭を焼き上げるのが腕なのである。前日の午後に窯入れをし、夜通し焼き続けた炭を窯から出して、次の薪を入れて火を点じ、冷ました炭を俵に詰めて山を下りる。それが日窯の一日の工程である。火の加減を誤れば、焼き上がるまで次の窯入れができないことになる。それが腕の差になってあらわれる。

「炭の善し悪しは、窯の作りもそうだが、結局は火の調整がすべてです。毎日おんなじにしてちゃあ駄目なんです。その日の天気と湿気で微妙に火の加減を変えないと、いい炭になりません。炭焼きのいいところは、他人《ひと》に使われない自由さです。自分の腕ひとつで生活できますから」

雪の早い五十沢の奥山では、毎年十一月十日に窯を閉じ、二十日にはエビス講を迎えるのだ、と大津は懐かしそうに昔を振り返る。

十年以上にわたって炭を焼き続けた大津は、やがて山を下りて勤めに出た。それは、高度成長によって燃料革命の嵐が吹き荒れる時代の到来にほかならなかった。

炭焼きを辞め、勤めに出た若い日の大津は、それでも山から下りたわけではなかった。三国川の奥にある亜鉛鉱山に勤めたのである。発破と火薬従事の免許を取った彼の仕事は、採鉱のための立坑掘《たてこうほ》りだった。彼はその仕事に、炭焼きに通じるやり甲斐を見い出した。火薬を詰める穴の位置と火薬の量によって、狙い通りの鉱脈を掘り当てるおもしろさである。

しかし作業環境は劣悪で、五年ほど勤めて鉱山を辞める。東京精鍛に出会うのは、その後のことだ。当時、企業のなかった六日町に、東京精鍛を誘致する運動に携わり、入社後は進駐軍の決定に従って、いち早く日本ではじめての労働組合を作るのである。

「窯出しは午後ですから、のんびりしてお茶にでもしましょう」

煙を見ていた大津は、そういって棚から一升瓶を下ろした。棚に並んだ銘酒「八海山《はっかいさん》」に、私はとうに気づいていた。仕事といっても暇だけはあり、昼の酒を欠かさない、と聞いた私は、棚の酒は彼らの備蓄品だとばかり思いこんでいたのだが、それはどうやら私のために用意した酒らしかった。

酒を呑んでは取材にならない、と固辞した私は、いともたやすく押し切られ、やがて迷妄のうちに沈んで茶碗酒を酌み交わした。

朦朧《もうろう》として目覚めると、窯出しがはじまっていた。

先端に形状の異なる金具の付いた長い棹《さお》を巧みに操り、真っ赤に焼けた炭を何度かに分けて掻き出しては、灰と土を混ぜた消し粉をかぶせて火を消していく。

焚き口が炎を吐き、掻き出した炭から、無数の火の粉が飛び散っていた。あたりいちめんに灰塵《かいじん》が舞い、目も口も開けてはいられない凄まじさだった。灰に覆われて薄

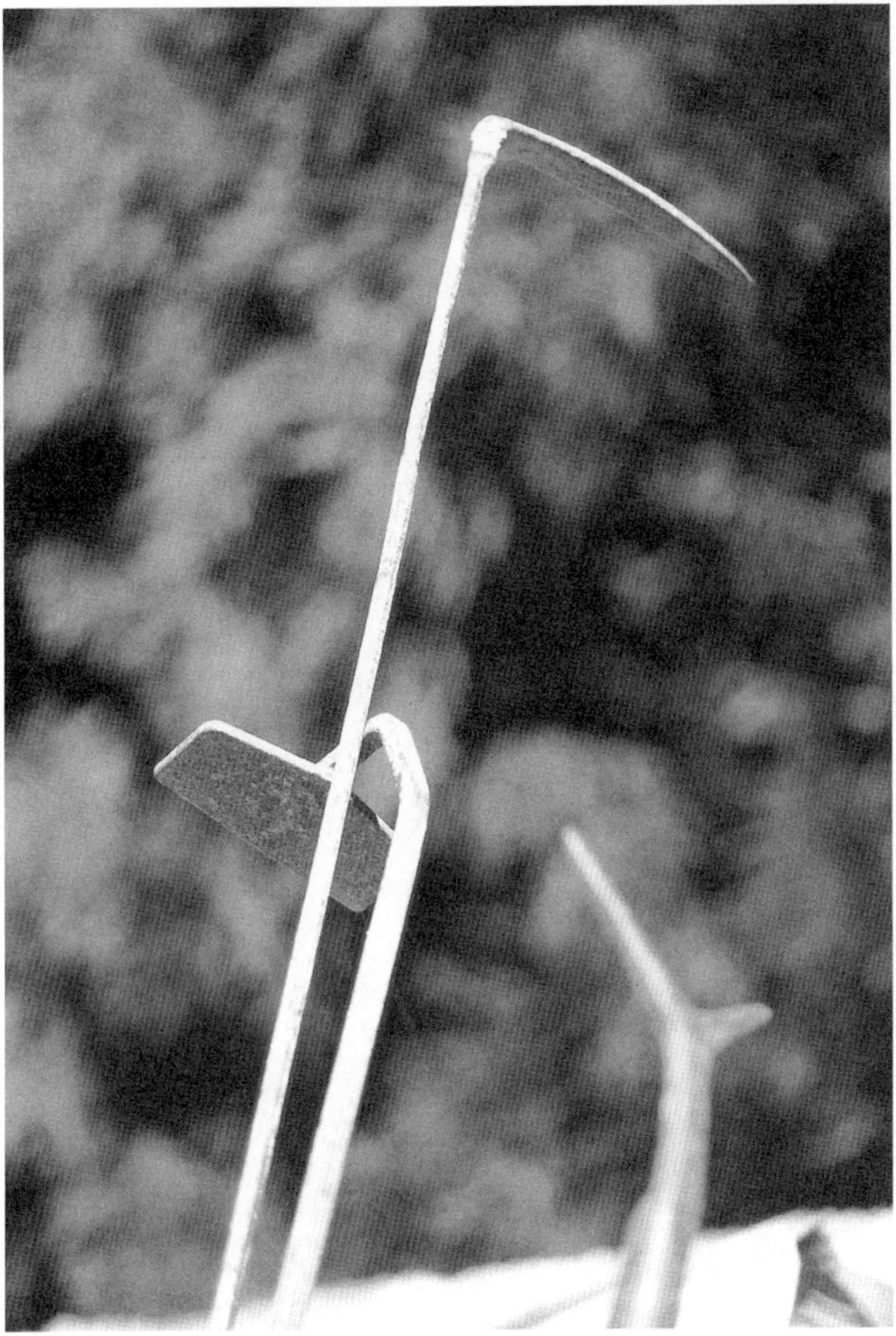

炭の製造の工程に従って、
さまざまな道具が使い分けられる。

暮のようになった淡い闇の向こうに、まだ炭の残る窯の内部が、灼熱を帯びて白光に輝いていた。

窯の前に仁王立ちになり、無駄のない動作で炭を捌いていく大津勝雄の作業服が、瞬く間に汗の染みを広げていった。

炭を見つめる眼差《まなざ》しは凜として鋭く、頰《ほお》の汗を拭いもせず、炭の出来を確かめるように目を凝らすのである。

炭を出し終えると、窯の余熱が冷めないうちに、すぐに次の窯入れがはじまる。窯のかたわらに薪の束が、うず高く積まれていた。

窯の高さは均一ではなく、一メートルから一メートル二十センチの幅がある。薪は窯の高さと大きさに合わせ、一窯ごとに切り揃えて束にしておくという。用意した木が、ピタリと窯に納まる計算をしているのである。

束ねた木の細いほうを下にして荒縄で縛り、上の太い部分を針金で結び、棹を引っかけて窯の奥から立ちこませていく。上を太くするのは、下の細い隙間から吹き上げる風の流れが欲しいからだ。炭は上からできていくのであり、その上の部分を針金で縛るのは、焼けた炭の形を崩したくないからである。

用意した木は、予備をひとつ残してみごとに窯に納まった。

「何年やっても、これ、という炭はそう何度もできません。ほんとは丸棒のこまっこい木がいい。ここらへんの木は育ちすぎてて、割って使ってますが、割ると隙間がでてきてよくないです」

嵐のような刻がすぎ、あとは冷えた炭を選別するだけだ、と大津はようやく和らいだ表情で語った。

無駄のない、手際のいい一気呵成《いっきかせい》の作業の流れは、惚れ惚れとする腕の冴えであった。ここにも経験に裏打ちされた技術の伝承が、確かな形で息づいていた。

「最近じゃあ、『炭の焼き方』なんて本が出ていて、いろいろ読んでみるが、どの本も、最後は経験と勘だ、と書いてある」

そういって大津は苦笑する。

そうなのだ。マニュアル化で得られるものは、結局のところ既製品であり、養殖ものであり、大量生産の域を出ることはない。経験に支えられ、そこに勘というエキスを吹きこむことで、極上の逸品を生むのが職人の技である。頑固といわれてもいいではないか。それが彼らの生きるための糧《かて》になり、誇りを生み、技を残すのなら、ひたすら前を向いて技を磨き抜いて欲しいと私は願う。

しかし、時代は彼らを振り返りもせず、容赦なく過ぎ行こうとしている。

遅い紅葉が里を彩りはじめた十月の末に、私はふたたび大津勝雄の小屋を訪ねた。高い山にはもう雪が降りていた。風のない、おだやかな日であった。暖かい陽射しが山肌に降り注ぎ、甘い朽ち葉の香りが漂っていた。

この十七日で、大津勝雄は東京精鍛を退職した。しかし、炭焼き窯は手もとに残った。彼の定年と同時に会社は炭焼き事業から撤退し、不要になった窯を大津がもらい受けたのである。

「後継者を育てるつもりだったけど、結局できなかった。二年や三年の経験だけでは無理なんです。でも充分遊ばせてもらいました」

次の仕事は、五十沢キャンプ場の管理人に決まった。シーズンが終わるまでキャンプ場に勤め、いい炭がとれる秋から、雪が降りるわずかなあいだだけ炭を焼くという。

私と大津は、連れ立って小屋に向かった。ふたりだけの、静かな山の一日であった。

朝の渓風《たにかぜ》は、窯の煙を乗せて下流に流れる。だから小屋のはるか手前で、炭の仕上がりがわかるのだという。甘い匂いのするときは、炭は燃えていないという。最初は鼠色の蒸気が出て、燃えているときは黄色の煙になり、やがて煙の根が青くなり、透き通るようになってはじめて炭化が終わるのである。炭を焼くうえでなにが一番大事

焼き上げた炭を掻き出し、
手早く灰をかけていく。

か、と問う私に、煙の色と匂いを見極めた口火と煙道の調整に尽きる、と大津はいい切った。

彼は、会社が開いてくれた送別会の席上で、こう述べたという。

「会社は精鍛、炭も製炭。同じセイタンでも、会社は毎日同じ仕事をすることがいい結果になるが、炭は毎日同じ仕事をしようとすると、いい炭にならない。その日の具合によって変えなくてはならないのが炭焼きのおもしろさだ」

大津勝雄の生きざまと炭焼きに寄せる思いを、これほど端的に表わした言葉はないだろう。

私は窯出しまでの合間に大津に無理をいい、小屋の背後の山を案内してもらった。空は高く澄み、色づいた木々の向こうに雪を戴いた金城山《きんじょうさん》が城砦《じょうさい》のように浮かんでいた。

マイタケが採れたというミズナラの木があった。流れのかたわらには、小さな畑まであった。家からトラクターを持ってきて開墾したのである。畑では、葱《ねぎ》や大根や菜っ葉や芋。西瓜《すいか》やメロンまで作った。大半は鳥やモグラに持っていかれたが、それは収穫を山の獣と分け合う、山の畑の宿命であった。それでも採れた作物は、彼らの昼の食卓を彩るに充分であった。

畑を前にして、気恥ずかしそうに語る大津を、私は微笑ましく見つめた。それはまるで、秘密のアジトのありかをそっと教える少年のようでさえあったからである。

里に降りた紅葉がひときわ輝きを増すと、待ちわびるように雪が舞う。長い冬を耐え、やがて訪れる春とともに、大津勝雄の新しい人生がはじまる。誰に気づかうこともなく、納得のいくまで炭と語らい、山を見つめる秋の日を、彼は心待ちに過ごすに違いなかった。

よく晴れた秋の日に、私もひとり、小屋への径を辿りたい。流れにひそむ岩魚《いわな》の影を追い、上流から流れ来るかすかな煙の行方を追いながら、「八海山」ほどではないけれど、私の町の造り酒屋の、極上の吟醸酒をぶら下げて小屋の主を訪ねるときを、私もまた心待ちにしているのである。

（取材：一九九七年　初出：「渓流」一九九八年夏号）

谷川岳・遭難救助に捧げた半生

馬場保男

秋が深まろうとしていた。

山麓の町は晴れていたが、山は雲につつまれていた。関東平野の北端に位置し、裏日本との脊梁《せきりょう》山脈をかたちづくる谷川《たにがわ》岳は、複雑な気象条件に支配される山である。天候の急激な変化は、この山に親しんだ者にとってめずらしいことではない。世界でも類を見ないほどの死者を生み、魔の山といわれた谷川岳の遭難の大きな要因のひとつが天候の急変によるものだった。

土合《どあい》駅からほど近い慰霊碑の立つ広場に人びとが蝟集《いしゅう》していた。毎年十月第一日曜日に行なわれる谷川岳の、遭難者慰霊祭に参列する遺族たちの群れである。

式典の準備が整うのを待ちわびたように、鈍色の空から雨滴が落ちはじめた。遭難者への慰霊といえど、それを祭典と呼ぶのなら、空は高く、群青に澄んで晴れわたったほうが死者たちの霊は安らげる。

谷川岳とともに生きた馬場保男が背負った遭難者は、四百人近い。
（撮影＝田丸瑞穂　本章以下同）

雨まじりの風が舞うなかで、水上《みなかみ》町長が弔辞を述べた。

「本年、不幸にして亡くなった三名の方々を加え、開山以来七百七十一名[註1]の尊い命を失った谷川岳の……」という言葉に、私は深い感慨を覚えて頭を垂れる。

次々に続く関係者の弔辞のあとで、遺族のひとりが答辞を述べた。今年、谷川岳で息子を失った父親であった。聴いているのがつらくなるほどの悲しみが全身に滲んでいた。

やがて僧侶たちの読経に促されるように焼香がはじまった。遺族たちの長い列の最後尾に、制服制帽をまとった長身の警察官の姿があった。群馬県沼田警察署・谷川岳警備隊隊長、馬場保男《ばばやすお》そのひとである。

山男たちのあいだで歌い継がれた唄に「谷川小唄」がある。全文を紹介する。

1夜の上野のプラットホーム
可愛いあの娘が涙でとめる
とめてとまらぬおいらの心
山の男は度胸だめし

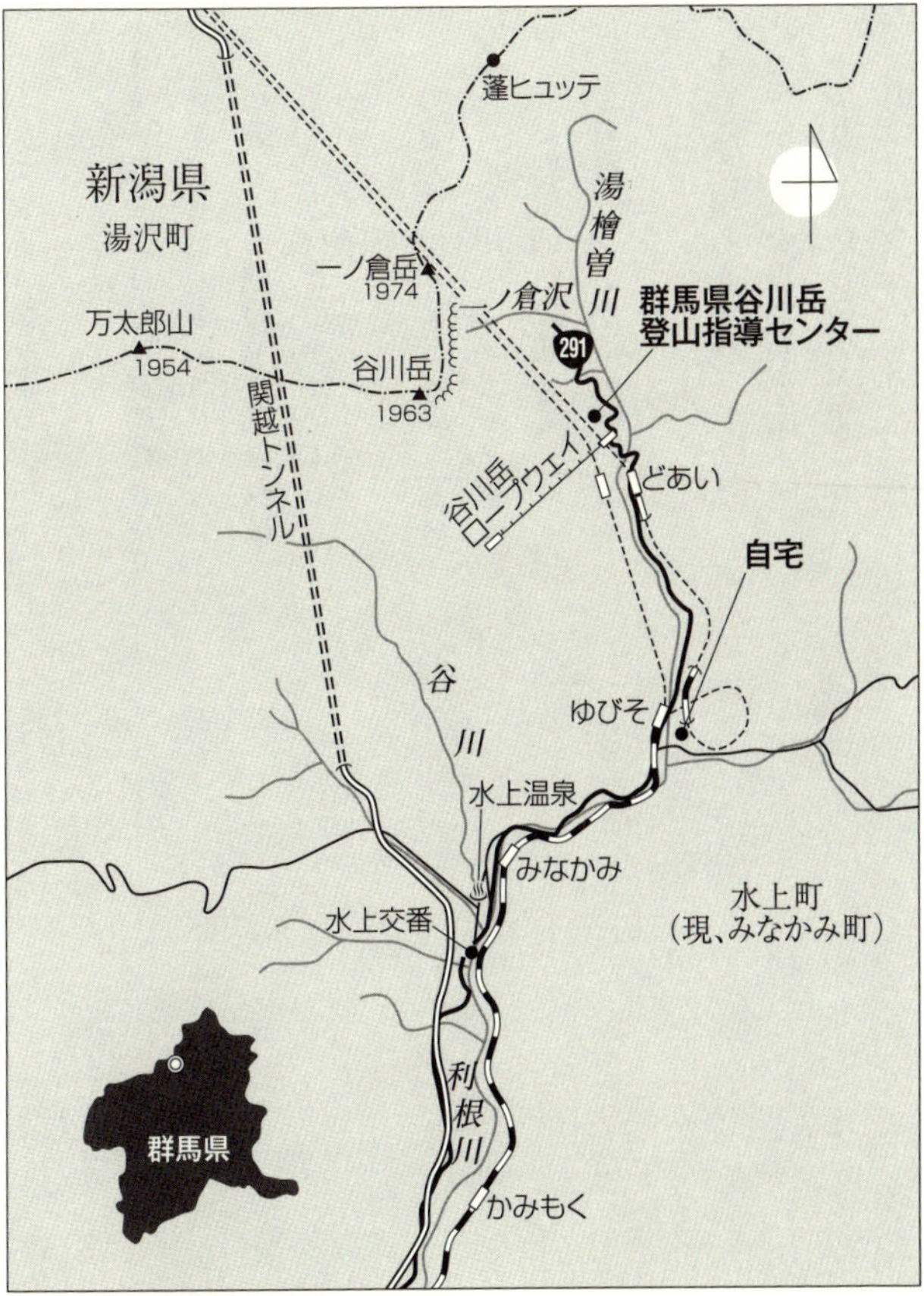

蓬ヒュッテ
新潟県
湯沢町
湯檜曽川
一ノ倉岳
1974
一ノ倉沢
群馬県谷川岳
登山指導センター
291
万太郎山
1954
谷川岳
1963
関越トンネル
谷川岳ロープウェイ
どあい
自宅
谷川
ゆびそ
水上温泉
みなかみ
水上町
(現、みなかみ町)
水上交番
利根川
群馬県
かみもく

トコズンドコズンドコ（以下同じ）

2泣いちゃいけない笑顔におなり
たかがしばしの別れじゃないか
可愛いあの娘の泣き顔みれば
ザイルさばきの手がにぶる

3いきなチロル[註2]よザイルを肩に
行くぞ谷川ちょいと一ノ倉[註3]
仰ぐ岩壁朝日に映えて
今日はコップ[註4]か滝沢[註5]か

4行こか戻ろか南稜テラス[註6]
行けばあの娘が涙を流す
戻りゃおいらの男がすたる
山の男はつらいもの

5歌えハーケンのびろよザイル
なんのチムニー[註7]　オーバーハング[註8]
軽く乗っ越し目の下見れば
雲が流れる本谷へ

6急な草付き慎重に越せば
やっと飛び出す国境稜線
固い握手に心も霧も
晴れて見えるはオキの耳[註9]

7右に西黒[註10]　左にマチガ[註11]
中に一筋西黒尾根[註12]を
きょうの凱歌《がいか》に足取り軽く
かけりゃ土合もはや間近

8　さらば上越　湯檜曽《ゆびそ》の流れ
　さらば土合《どあい》よ谷川岳よ
　またの来る日を心に誓い
　走る列車の窓の夢

ズンドコ節の替え歌である。だれが歌いだしたのかはわからない。軽快なテンポの調べからは、谷川岳に魅せられた若者の気概と、気負いと、憧れと、淡い哀愁が伝わってくる。

唄もまたひとつの輪廻である。登攀者にとって死は遠い存在ではない。生と死が寄り添えば寄り添うほど、充足と充実は濃密に光を放ち、かぎりない華やぎをともなって若者たちを急がせる。

昭和六年、上越線の清水トンネルの開通によって、谷川岳は「近くてよい山[註13]」になった。戦後の復興で登山者は急増し、高度成長期に至って頂点をむかえる。休みの取れない社会人にとって日帰りで行ける谷川岳は大きな魅力であり、なにより一ノ倉沢をはじめとする岩壁群には、いまだ未踏のルートが残されていた。

登山者たちは、上野発の鈍行の夜行列車に乗って未明の土合駅に着き、そのまま先を争うようにして岩壁を目指した。それは殺到といってよい光景であった。

そんな都会の登山者と一線を画した地元の一団のなかに、若い日の馬場保男がいた。昭和二十三年九月、前橋に生まれた彼は、前橋商業高校時代から山岳部に籍を置き、すでに一ノ倉沢の岩壁に通っていた。そこで彼は、自らの人生を決定する存在と出会った。谷川岳警備隊である。好きな山が登れて飯が喰え、しかも人命救助である。こんなおいしい仕事はほかにない。天啓と呼んでいい閃きであった。

高校を卒業した馬場は、迷わず警察官への道を選んだ。狙いはただひとつ、谷川岳警備隊である。一年間の警察学校の研修のあと、彼が配属されたのは意に反して沼田市内の交番だった。

「夢なんて、そんなに簡単にかなうもんじゃないんだって思いましたね」

当時を彼はそう振りかえる。

しかし、警備隊員の多くはすでに顔見知りであり、周囲もまた彼の希望を知っていた。交番勤務のかたわらにも遭難は発生する。人手は当然にして足りるはずがなく、いきおい馬場に名指しの出動要請が来る。いわば既成事実を積み上げたのである。そうして彼は一年後、念願の谷川岳警備隊の常駐隊員になった。

はじめて遭難者を背負ったのは、昭和四十三年五月十三日。交番に配属されてわずか一ヵ月目のことである。はじめての出動で、いきなり彼は遺体を背負わされた。鮮烈なデビューであった。

「忘れもしません。たしか四百八十五人目の遭難者です。ノゾキ[註14]での疲労凍死だったですね」

残雪の縦走を目指したふたりパーティーで、相棒は遠く離れた蓬《よもぎ》沢[註15]に埋もれていた。遺体は梱包されて一ノ倉岳[註16]を越え、芝倉沢[註17]を滑り下ろし、そこから馬場が背負って山を降りた。

あれから三十年が経つ。以来ほとんどの遭難者を彼ひとりで背負い下ろしたというのだから、単純に数えても三百人近い死者を背負ったことになる。

週末になると、必ずといっていいほど遭難が起こる時代だった。たまらず地元群馬県が「谷川岳遭難防止条例[註18]」を制定したのが、馬場が警察官になった昭和四十二年。登山口に「群馬県谷川岳登山指導センター」が置かれ、県の職員とともに三名の警備隊員が常駐した。

土曜に山に入り、翌々週の月曜までの九泊十日で交替する常駐生活である。遭難の多い週末だけが三人で、あとの平日はセンターの職員とふたりきりになる。山を降り

警備隊本部の二階には、
遭難救助に必要な、さまざまな装備が溢れていた。

た火、水、木曜日が休みで、金曜を一日交番に勤め、土曜にふたたび山に入る。そのあいだに遭難が起これば、休みなしでそのまま山にとどまることもあった。

「警備隊に入れば、好きなときに岩を攀《のぼ》れるって思ってましたけど、甘かったですね。組織の制約がありますから。それでも平日は暇なんで、けっこう自由にやらしてもらってましたね」

馬場保男の青春のすべてが谷川岳にあった。

谷川岳警備隊の創設は昭和三十三年。群馬県の山岳部の大半を有する利根郡と沼田市を管轄する沼田警察署に置かれた。つまり、奥利根源流や上州武尊山《ほたかやま》、尾瀬、日光白根山《しらねさん》、皇海山《すかいさん》という名だたる山やまが含まれるにもかかわらず、そうした守備範囲を霞ませてしまうほど、当時の谷川岳の遭難が多かったのである。

今年（一九九八年十月四日現在）の遭難死亡者は、尾瀬でふたり、上州武尊山でひとり、皇海山でひとり、谷川岳で三人の計七人。開拓期を終えた谷川岳の減少はわかるとしても、いかにそのほかの中高年登山による百名山が遭難の増加を招いているかが見てとれる。

隊員の数は当時から変わらず八名である。取材をするまで、私は警備隊は山岳救助の精鋭たちの集まりだと思っていた。不測の事故の発生に備えて、全員が虎視眈々《こしたんたん》と腕を磨いているのだと思いこんでいた。しかし、遭難救助はなにも現場だけではない。通信や補給や検分などのさまざまな業務がある。全員が猛者《もさ》ではなく、現場に出られるのは三、四人がせいぜいで、むしろそのぐらいの人数のほうが効率がいい。それでようやく、馬場が遭難者を背負いつづけた理由が飲みこめた。

警備隊は遭難救助の専従ではない。現在の布陣は、水上交番に四名、尾瀬交番に二名、沼田の交番に二名。彼らは、日常の交番勤務を行ないながら、遭難事故の発生に備えているのである。

常駐隊が廃止されてかなりの歳月が経つ。センターには県の職員が交替で泊まっているだけである。それは未踏のルートの消失という、谷川岳の開拓期の終焉と期を同じくする。クライマーが減少すれば、遭難もまた劇的に減っていくからである。警備隊の体制もまた、山の事情によって変わらざるをえない。

最近の遭難救助はヘリコプターが主流になった。県警のヘリに加えて県の防災ヘリ[註19]が使える。山岳遭難に関するかぎり、ヘリの出動要請の判断は馬場に任されている。救助活動も大分楽になったでしょう、という私の問いに、ヘリがよくない場合もある、と思いがけない返事を馬場は返した。それは切り替えがきかないからである。すべての山岳遭難にヘリが使えるならそれでいいが、天候やそのほかの理由によって飛ばせないときは、従来通りの人力を使うしかない。にもかかわらず、ついヘリに頼ってしまう風潮が怖いのだという。隊員たちにとって救助技術の養成は現場に勝るものはない。ヘリを使えば実践経験はどんどん落ちていく。ヘリはないものだと思わなくてはならない。遭難者の状況が最緊急でないのなら、なんでもかんでもヘリに頼らず、ときにあえて隊員たちで下ろすことがあってもいいのではないか、と馬場はいうのである。そのあたりに、後継者のことも含めた馬場の苦悩が読み取れた。

慰霊祭の前日、私は馬場に無理をいって一ノ倉沢に同行してもらった。この山ではめずらしい秋晴れの日であった。稜線が見える日など、そう多くはないのである。名だたる岩壁がぐるりを囲んで光を返し、清涼な谷の風景を醸しだしていた。聞かされなければ、とてもこの山が数百人の命を呑みこんだとは思うまい。しかし、目を転じて車道のかたわらを見れば、無数の墓碑銘が埋めこまれて、この山と谷の歩んできた暗い歴史を語っていた。

午後になり、馬場と連れ立って出合に立つころ、岩壁はガスに覆われていつもの陰惨な表情に戻っていた。この谷を何度も攀《のぼ》っているカメラマンとふたり、顔を見合わ

一ノ倉沢で、馬場さんがデモンストレーションをしてくれた。
一挙手一投足が、すべて記憶のなかにある。

せて「やっぱりガスってきたね」と呟く。出合には魔の山をひと目みようと多くの観光客が訪れていた。そのあいだを縫うようにして谷に分け入っていく。

いつもなら年越えの雪渓で埋まる谷に、一片の雪も残っていなかった。私たちはいちどだけザイルを使い、本谷どおしにテールリッジ[註20]まで攀った。たかが取材の、それも岩場の取付までのこととはいえ、馬場のザイル捌《さば》きと登攀力に力量の片鱗をかいま見る。それはそうだろうと思う。遭難者をはるかに凌駕《りょうが》する技量をもたなくては、この岩壁での救助などとても叶うまい。一歩判断を誤れば、自らの命すら危うい仕事を、三十年も続けてきたこと自体が並みではない。それを彼は、昂《たかぶ》りもせず、気負いも見せず、まるで職場を点検してまわるように、さりげなく岩を攀った。

テールリッジ手前の小さなテラスで休んだ。目前にこの谷で最悪といわれた衝立《ついたて》岩《いわ》[註21]が、三角形の垂直の壁を立ち上がらせていた。壁の中央に数人のクライマーが取り付き、遅々としたザイル操作の果てに、垂直の空間に少しずつ高みを勝ち取っていくのが豆粒のように見えた。

それだけ多くの遭難者を背負うと、死というものへの考え方が変わりませんか、と馬場に問うた。無感覚になるか、無常観を覚えるか、あるいは宗教というものにまで思いが至るかと疑ったのだ。

「べつにそんなこともないですね。仕事だって割り切んないとやってけないです。馴れですよ。もっとも、馴れても手は抜きませんけどね」

馬場が警備隊に入った当時、遭難の多さに対応しきれず、山岳サルベージと呼ばれた救助に協力する民間の集団があった。彼らの遺体搬出は、顔が無事ならあとはどうでもいい、というもので、ありていにいえば顔だけを保護して岩場から遺体を蹴落とすのである。この方法はたしかに速い。遺族は棺桶の小さな窓からの顔しか見ないからである。

私もこの方法は聞かされていた。しかし、それを残酷とか非道とか責めるつもりは毛頭ない。死者は所詮敗者に過ぎず、他人《ひと》の手を煩わさなくては家族のもとに帰れないからだ。敗れればそうなる。それが一ノ倉に通うクライマーたちの暗黙の了解であった。

最初のころは、そんなものだと教えられた馬場も、いつしかそうした風潮に疑問を覚えていく。

「さっきまで生きてたひとですからね。できるかぎり綺麗なままで下ろして家族のもとに返してあげたいじゃないですか。だから私はちゃんと手を合わせて、丁寧《ていねい》に扱うようにしてますよ」

現場で遺体と泊まったことも何度かある。これだけ多くの遭難者に接していると、生きるか死ぬかがだいたいわかる、と彼はいう。といって決して手を抜くわけではないが、その通りになることが多いという。

彼の背中で息を引き取った者も数多い。それを私は、不遜《ふそん》にも幸福だと思う。力のかぎりを尽くし、力およばず敗れた結果、危険をおかして救出に赴いた彼の背で果てたとしても、それもまた遭難者にとって幸福に違いないという思いを、私はどうしても拭い去ることができなかった。

待ち望んだ陽光はついに帰らなかった。かすかな岩の温もりだけが午前の快晴の名残りを伝えていた。私たちは攀ったルートを忠実に下った。馬場のザイル捌きを眺めながら、贅沢《ぜいたく》な取材だったと思う。一方に現役クライマーのカメラマンがいて、かたや現役バリバリの警備隊長がいる。そして一ノ倉の岩壁の数本のルートを辿っただけの、わずかな経験しかもたない私がいる。それでも山の経験のない取材陣ならとてもこうはいかず、さらに数人の協力がなければ覚束《おぼつか》ないに違いなかった。

山を下りた夜、私とカメラマンは湯檜曽の郊外にある馬場の自宅に招かれてもてなしを受けた。しみじみとした、いい酒であった。

慰霊祭の片隅で手を合わせる。
その胸に去来するものはなにか。

「家族をいちばん犠牲にしましたね。とくに子供には可哀相なことをしました。普通の家と違って、どっかに連れていくなんて滅多になかったですから。遭難が起きそうもない夏休みの平日にディズニーランドに連れてったぐらいでしたね」

そのひとり娘も東京の大学に送り出し、いまは夫婦ふたりの静かな生活である。

遭難が起きる日はなんとなくわかったという。いまのようにポケットベルも携帯電話もなく、どこにも出掛けられずに待機するしかなかった。遭難が起これば出動し、なくても待機する日々である。休日はないも同然であった。

「いろんなことがありましたけど、自分の夢はおおかた果たしたと思いますよ」

三十年も働き続ければ、さまざまなことが起こる。なにからなにまで、うまくいくはずがない。ひとは妥協を重ねて生きていく。山岳遭難救助を天職と定めた馬場にしても、それは同じことだった。それでも彼は、所属する群馬ミヤマ山岳会の現役として群馬県岳連隊に参加し、昨年ヒマラヤの八千メートル峰[注22]に立った。夢を果たしたとは、そのことに違いなかった。

山の話が弾み、酒が進み、座は当然にして盛り上がる。そのうち奥さんも座に加わってくれた。

すでにかなり酔っているらしいカメラマンがしきりに、

自宅でくつろぐ。
神経をすり減らす日々を支えあった夫婦である。

「奥さん、綺麗ですねえ」という。私の覚えているかぎり、五回は間違いなくいった。「ほんとに綺麗ですねえ。水上で一番じゃないですか」というにおよんで、「おまえ、酔いすぎじゃねえの」

そういってたしなめた私も、すでに酩酊《めいてい》状態であった。

「そりゃあ、定年までやれといわれればやれますよ。やらしてもくれるでしょう。でも私にとっては現場がすべてです。背負えるまではやるけど、背負えなくなったら辞めます。あと四、五年やって考えますけど、引き際が難しいんです。おんなじ世代で山をやってきたんだからわかりますよね、高桑さん」

――わかります。ここまで来ると、いかに引くかです。もうちょっとやりたいってときに辞めるのがいちばんいいんですけどね。難しいですよね。

「あの野郎、辞めりゃあいいのに、まだやってらあっていわれてまでしがみつきたくないですからね」

世代の共有に埋もれて私たちは意気投合し、若いカメラマンは呂律《ろれつ》のまわらぬ口調で意味不明のことをわめいていた。

趣味など、やっている暇《ひま》があるまい、と思った馬場は大工仕事が得意なのだという。自宅に作った別棟は山房であった。玄人《くろうと》はだしの仕上がりだった。そこに仲間を呼ぶのが馬場の愉しみなのである。

一ノ倉沢までロープウェイが架かるという。自然への影響を考慮して、車道を通行止めにするための代替えである。時代は確実に変わっている。

彼が遭難者を背負わなくなったとき、ひとつの時代が終わりを告げ、馬場保男は谷川岳の歴史とともに、時代を背負った唯一、最後の警備隊長になるだろう。

引退したら山小屋の管理人をやりたいのだ。酒を傾けながら、彼は将来の夢をそう語った。


（取材：一九九八年　初出：「渓流」一九九九年春号）

註1　昭和六年、上越線の清水トンネルの開通を機に開山とし、以後の遭難者の累計を示す。
註2　スイスの牧童たちが被った帽子。当時の登山者のあいだで流行った。
註3　谷川岳の岩場の象徴的な谷。ほかに幽ノ沢・マチガ沢・南面の幕岩などがある。
註4　一ノ倉沢にある固有の岩場の呼称。コップ状岩壁を指す。
註5　同。滝沢スラブを指す。
註6　同。南稜というルートの取付を指す。
註7　煙突状になった岩場の形状。
註8　岩壁が庇状になり、垂直以上の角度になっている岩場の形状。
註9　双耳峰である谷川岳の本峰をトマの耳といい、一方をオキの耳という。
註10　谷川岳本峰に突き上げる西黒沢を指す。
註11　同。マチガ沢を指す。
註12　西黒沢とマチガ沢のあいだにある尾根。東面から谷川岳に登る一般ルート。
註13　谷川岳の岩場を見い出した登山家の大島亮吉は、上越線の開通によって「谷川岳は近くてよい山なり」と紹介した。
註14　谷川岳から一ノ倉岳への稜線の最低鞍部を指す。一ノ倉沢の登攀終了点であり、岩壁群を覗けるところから名付けられた。
註15　国境稜線の新潟側の蓬沢を指す。
註16　谷川岳から国境稜線を北上して最初のピーク。
註17　東面最奥の谷。傾斜がなだらかで、遺体の引き下ろしに最適であった。

註18　遭難の多い岩場を危険地帯として指定して登山時期を定め、登山届けの提出を義務づけて審査し、あわせて指導センターを開設して安全を啓蒙した。いまだに賛否両論がある。
註19　消防庁が全国の都道府県に一機ずつ配備した災害防止用ヘリコプター。
註20　岩壁の裾の形状が尾っぽに似ているところから名付けられた。一ノ倉沢の岩場の一般的なアプローチだが、事故も多い場所。
註21　その難しさの故に、一ノ倉沢の中でも最後まで開拓が遅れた岩壁を指す。
註22　ガッシャブルムⅡ峰・標高八〇三五メートル。

参考文献

日本登山大系3『谷川岳』（白水社）
『東京したまち山岳会』（寺田甲子男　東京新聞出版局）
改訂　現代登山全集7『谷川岳』（東京創元社）
新岳人講座1『アルピニズム』（東京新聞出版局）
歌集『酔虎伝』（遡行同人「梁山泊」）

尾瀬・冬物語

谷川洋一

三平峠《さんぺい》に着いたのは昼だった。空気が凍っていた。ザックに腰を下ろして昼食をとる私たちの頭上を風が通りすぎ、シラビソの梢から落とされた粉雪がひとしきり舞い上がってから、ゆっくりと結晶をきらめかせて拡散していった。

さきほどまでの雪がようやくやんで、西方の薄らいだガスの向こうに皿伏山《さらぶせやま》が淡く望まれた。

北の高みに聳え立つ燧《ひうち》ヶ岳は、厚い雲に覆われて姿を見せなかった。これからシールを外して滑りこもうとしている森の木立の下方には、悠久の歳月を刻む尾瀬が、深い雪の下で身じろぎもせず、ひっそりと息づいているのだった。

冬の尾瀬に降る雪は多い年なら五メートル、少ない年でも三メートルはやすやすと積もる。それがもっとも標高の低い尾瀬沼あたりのことだから、取り巻く稜線の雪の量は想像を超える。

木道で出会った登山者から質問を受け、気軽に答える。
仕事の一環でもあるが、行きかう登山者との語らいは、楽しみのひとつでもある。

尾瀬の雪は乾いて軽い。「北海道に匹敵するパウダースノー」というのが、山麓に点在するスキー場のうたい文句だ。たしかに申しぶんない雪質だが、それはあくまでスキーの話だ。降ったばかりの軽くて乾いた雪は固まらない。踏んでも踏んでも、まるで底なし沼のように沈みこんで手応えがない。だからこそ、冬の尾瀬は山スキーの聖域になる。ワカンを履いて尾瀬を目指すことなど、とても考えられない。ワカンは雪を踏み固めて進む道具だからだ。

日本海をわたった雪雲は上越国境に重く湿った雪を振り落とし、乾いた軽い雪を尾瀬に運んで降り積む。

その雪は尾瀬の山小屋にとって、死活を分けるほどの大敵なのだ。何日もやむことなく吹きすさぶ寒冷な風に舞い、わずかな隙間から侵入してすべてのものを凍らせるからだ。

軽い雪でもやがては締まる。締まって圧縮された雪は、氷のような質量をともなって小屋の屋根を苛む。五メートル近い積雪を屋根に乗せたまま冬を過ごせばどうなるか。冬の山小屋はいつでも倒壊の危機にさらされている。降り積もって間もないうちに除雪する。それよりほかに、小屋を雪から守る方法はないのである。

夏の日の、輝くばかりの湿原とお花畑しか知らない者にとって、厳冬の尾瀬はマイ

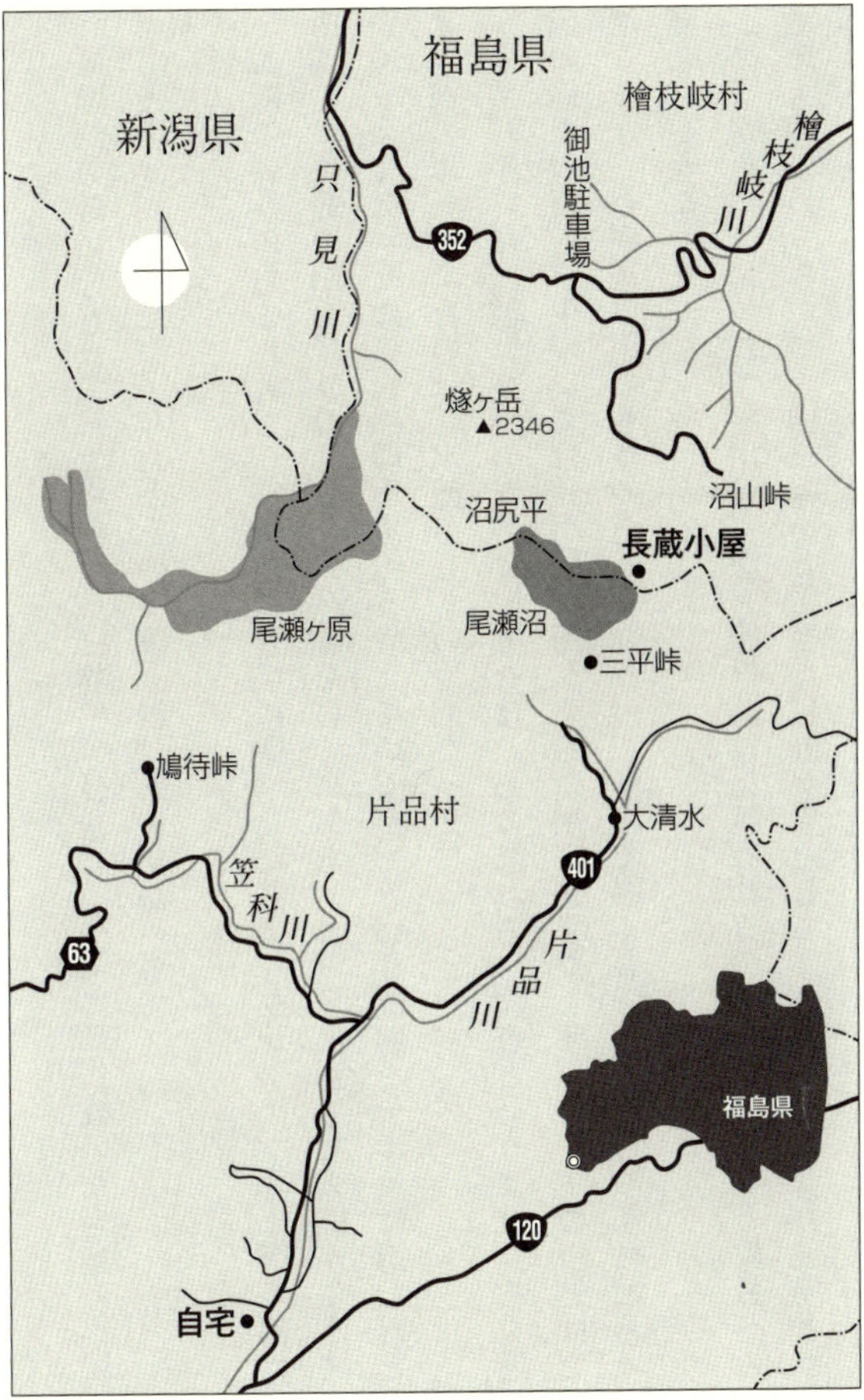

福島県
檜枝岐村
新潟県
檜枝岐川
御池駐車場
只見川
352
燧ヶ岳
▲2346
沼山峠
沼尻平
長蔵小屋
尾瀬ヶ原
尾瀬沼
三平峠
鳩待峠
片品村
大清水
401
笠科川
63
片品川
福島県
120
自宅

ナス三十五度にもなる寒気と舞い狂う雪の支配する、想像もおよばない世界なのだ。

尾瀬沼の畔に佇む長蔵小屋《ちょうぞうごや》は、平野長蔵、長英《ちょうえい》、長靖《ちょうせい》と三代続いた老舗《しにせ》の小屋だ。その小屋の冬を、十年にわたって護り続けた青年がいる。

谷川洋一である。

大阪の郊外に生まれ育ち、宮城教育大学に進学した彼は、ワンダーフォーゲル部に所属して東北の山を登りつくした。卒論を書くにあたって、子供たちに人間が生きていくうえで欠かせない自然環境をどう教えていくか、という問題をテーマに選んだとき、彼の思い至ったのは、水源としての尾瀬だった。

大学四年の夏、彼は卒論のために尾瀬をはじめて訪れる。調査というより、物見遊山の旅だった。学生の身では、小屋に滞在する費用もままならず、テントで一週間を過ごしながら周辺の山にも登った。もちろん、小屋で働くことになるだろうなどとは考えもしなかった。

卒業が近づくにつれて谷川は、深い挫折感に見舞われる。まわりが次々と教員への道を決めていくなかで、山三昧をしてきた自分が果たしてこのまま、教育の現場とかかわっていけるのか、という懐疑心をいだいたのである。

結局、彼は教員への自信を持てないまま大学を卒業する。なにか飛翔のためのきっかけが欲しい。彼の脳裏に浮かんだのは、夏に訪れた長蔵小屋だった。あそこなら、なにかが学べるかもしれない。

尾瀬に憧れたわけではない。山に向かう者にとって、ハイカーの殺到する夏の尾瀬など、敬遠すべき対象でしかなかったからである。ただ、ひとと自然のかかわりに興味があった。それは卒論の延長のようなものだった。新聞に連載された「尾瀬・三代の記」を読んでいたし、夏の小屋も知っている。尾瀬で、というより谷川は、長蔵小屋で働いてみたかったのだ。

小屋の仕事は楽ではなかった。それは承知していたことだった。夢中で働く谷川に越冬の話が持ちこまれたのは一年目の秋である。山の経験も買われたに違いない。長蔵小屋には三代にわたって続けられた長い越冬の歴史がある。小屋を護るために当然のようにして繰り返されてきた営為である。谷川は迷わずこの話を受けた。

「鮮烈な印象でした」

初めての越冬生活を、そう彼は振り返る。

「男ふたりで三ヵ月半の雪山暮らしですからね。来る日も来る日も除雪の生活が続くわけです。閉じこめられた世界ですから、いやでも自分と向き合わなくちゃいけない。

自分の欠点がどうしても見えて来るんです。そうした欠点をきちんと解決して、自分自身を見つめ直さないとどうにもならないところがあるんです」

越冬生活は、非日常の日常化といっていい。降りつのる雪はすべてのものを埋めつくし、凍らせる。風雪に覆われる日常が、途方もない連続性と苛酷をともなって果てしなくつづく。学生時代に何日か冬山に遊び、ラッセルに喘いで冬山を知ったつもりの経験など、なんの役にも立たなかった。

小屋から五百メートル離れた水源小屋は生命線だった。水がなければ生きてはいけない。小屋へのパイプが詰まっても同じことだ。

水路を確保し、凍った蛇口の氷をハンマーで叩き落とし、多いときは、ひと晩で一メートルも積もる屋根の雪を降ろし、うずたかく溜まった雪を運び出す気の遠くなるような作業が、際限もなく繰り返される。氷の城と化した小屋を護らなければ、こちらが危ない。

「冬の行動は、なにをするにもふたり一緒が原則です。スケジュールはまったくありません。山の変化に気づくことです。張りつめてもいけないし、ぼーっとしてても駄目です。無理をしないことですね。根をつめないぐらいがちょうどいい。そのほうが長続きするし、はかどりますね」

ひと気ない早朝、
木道に三脚を構えて撮影をする。

春から夏は、
お客さん相手の仕事に追われる毎日である。

いまでこそ、余裕をもってそう語る谷川だが、一年目の彼に、理屈でわかっても冬の山小屋の生活が理解できるはずはなかった。

極限の生活は、本能的な自己防衛作用を生む。それは人間の弱さである。自我が出るし弱気にもなる。いやでも自分と向き合わざるを得ない。なにをするにも、ふたり同時の行動が鉄則だが、三ヵ月以上にもわたると、ときにそれが苦痛をともないかねない。

極限を律するのは自己への信頼であり、客体化である。自分を信じると同時に、突き放して冷静に自分を見なければならない。自然に逆らわず、自分を見失わずに律することを、彼は冬の尾瀬から学んだのだ。大学時代を机上の学問とするなら、冬の尾瀬は、その対局に位置する現場での教えだった。

人生観を変えるほどの経験をもたらした一年目の越冬を終えて、全山が新緑に染まる春を、彼はどのような思いで迎えたのだろう。

「卒業してしばらくしたら、どこかの臨時教員にでも潜りこもうと考えていたんですけど、そんなのは完全に吹っ飛んでしまいましたね」

そして彼は、尾瀬を生活の場に定めた。

厳冬の尾瀬は、谷川洋一からもうひとつの可能性を引き出すことになる。写真である。

小屋で働きはじめて三年目の八十七年、従業員仲間の佐藤純子と結婚。それからは夫婦で越冬するようになる。しかしそれも束の間、体の弱かった奥さんが入院して越冬できない年が数年続く。彼は真剣に小屋を下りることを考えはじめる。奥さんの体を思い、どこか暖かいところに仕事を求めて暮らそうか、という弱気に苛まれたのである。

悩み抜いた彼は、尾瀬との出会いをもういちど振り返る。いったい自分は尾瀬からなにを得たのか。十年単位でなにごとかをやり遂げて、はじめて語る世界があるはずだ。このまま終わるのは本意ではなかった。逃げ出すわけにはいかない。尾瀬から学んだものを、なにかで表現できないか。ひとと違う形で自分を表現できるものはないか。

彼の脳裏に浮かんだのは写真であった。四季を通じて暮らす尾瀬の湿原を、自分の視点で切り取ることによって、その作品に内面を投影しよう、と考えたのである。

「絵心は前からあって描いてました。写真も撮ってはいたんですが、それならいい機会だから、写真をきっちりと勉強しなおそうと思ったんです」

幸い奥さんも回復して、ふたたび谷川は夫婦で越冬生活をはじめる。カメラ機材一式を新たに購入し、否応なしに自分と向き合わされた冬の尾瀬を、今度はファインダー越しに表現媒体として取り組んだのである。

「一年目はなにも見えませんでした。当然ですが、巧くならないんです。これはいいと思って撮っても、でき上がったものを見ると、青い空と白い山が写っているだけなんですよ」

そんなとき、ある本で冬の語源を記した文に出合う。冬は生きるものや魂が殖《ふ》える季節、「殖《ふゆ》」だというのである。冬には特別な力がある。冬は生命の再生を導くためのものなのだ。冬によって繰り返される死の堆積が、新しい季節の生命を生む。その視点で尾瀬を捉えなおそう。生命の循環としての湿原の四季を捉えなおせばいい。

それからの谷川に迷いはなかった。冬を生命の根源として捉えることによって、照応するように季節のそれぞれが輝きを放って彼の目前にあった。

自分を見失い、途方に暮れて訪れた若い日の、彼の心を鷲摑《わしづか》みにした厳冬の尾瀬が、いままた生きていく道しるべとして彼を覚醒し、いざなったのだ。

九十五年、機会を得ての写真展は、今後の方向性を示す大きな転機になった。彼は

緑と水のきらめきに満ちた夏の尾瀬。
冬の姿など想像もできない。

この写真展で、独自の視点で切り取った冬の尾瀬を世に問い、喝采《かっさい》を浴びた。

ほかの季節なら表現するひとはたくさんいる。しかし冬の尾瀬だけは、そこに暮らす谷川でなければ描けない世界であり、それまでの集大成としてどうしても発表しておきたい対象だった。

彼は冬の尾瀬を写しとめることによって自らを表現し、冬の尾瀬もまた、彼のレンズを通して私たちの心を深く打つ。それは谷川洋一と冬の尾瀬が織りなす、ひとと自然の共生の形に違いなかった。

湿原が草紅葉に彩られ、秋が足早に駆け抜けようとするころ、私は無理をいって撮影に同行させてもらった。

吐く息が白く染まる夜明け前に宿を抜け出し、ヘッドランプをつけて森を目指した。淡い靄《もや》の漂うなかで、川や森や湿原たちがひそかに目覚めはじめていた。

まだ明けやらぬ森のかたすみで、彼は三脚を全開にした低いアングルでカメラを据えた。勧められるままに覗いたファインダーの向こうには、二十ミリの超広角レンズで切り取った谷川洋一の世界があった。可憐な赤い実をつけた雪笹の背後に、太いブナの古木が佇んでいた。幻想的でいながら、そこには力強い意志が漂っていた。

高い評価を得て開催された写真展。
そこに谷川洋一の揺るぎない世界があった。

「きょうは森の再生がテーマです。ブナの古木と、根もとに咲く雪笹との生命の繋がりです。テーマのない写真は意味を持ちません。写真を撮るという行為は私にとって、いかに内面を表現するかですから、自分から働きかけていくこともときには必要です」

「アングルを低くしたのは、森のなかの雪笹というひとつの生命と同じ目線で森を見直すことによって、表現に繋げていくためです。それは湿原の撮影でも同じことです」

尾瀬の四季を綴った「輪舞曲《ロンド》・湿原」(キヤノンオリジナルカレンダー、同写真展)のなかに「蒼い夜明け」という作品がある。朝露をまとった無数のワタスゲが、蒼く染まった薄明に浮かび上がる幻想的な湿原の姿である。懐かしく、ほのぼのとして見えながら、生命の根源を思わせる作品である。そんな彼の写真を、音楽的だ、と評するひとがいる。

光と闇の出会う夜明けがある。その出会いを、息をひそめて彼は待つ。

「湿原に堆積する生命の記憶が、私の遺伝子のなかに眠っていたなにかを確かに揺り動かしている」

そう彼は語るのである。

三代にわたって切れ目なく続いた長蔵小屋の越冬生活も、九十八年で長い歴史を閉じた。それは小屋の経営の変化がもたらしたものである。再開するかどうかは様子を見なければわからない。常駐の代わりに、今度は定期的に除雪にあがることになる。寄る辺を失った谷川は、それでも尾瀬を見据えて暮らすだろう。

十年にわたる越冬生活は、谷川に写真家としての結実をもたらした。

いまは湿原の写真にこだわっているが、これからの方向は皆目わからない。

「写真の打ち合わせで東京によく出ますが、三ヵ月も無人の山奥に住んでいるのに、東京の雑踏が好きなんです。なぜなんでしょうかねえ。それがわかればテーマになるんでしょうけど。小屋にきた当時から、ひとに興味があるからかも知れません。自然の点景じゃない、人間が主役の写真を撮ってみたいですね」

もう彼のなかでは、次のテーマが見えているのかもしれない。

過去を振り返りたくない、という谷川だが、この先、彼がどんな道を歩むことになろうとも、その根底と背後には、永遠の歳月を刻む厳冬の尾瀬が、脈動のように連なって彼を支え続けていくに違いない。

（取材：一九九八年　初出：「渓流」一九九九年夏号）

森のひとの、夢を育むヒメサユリの花

月田礼次郎

福島県南会津郡南郷村《なんごうむら》（現、福島県南会津町《みなみあいづまち》）。村の中心を流れる伊南川《いな》の河岸に沿って、南北に集落が点在する会津の山里である。西方の山脈は大博多山《だいはたやま》を起こし、古町丸山《ふるまちまるやま》や山毛欅沢山《ぶなさわやま》を越えて、やがて遙かに会津駒ヶ岳や燧《ひうち》ヶ岳に峰続き、家並みの背後から東方に立ち上がる山波は、緩やかな起伏を重ねて駒止高原山群へ連なっていく。

その東方の山稜の一角に月田《つきだ》農園がある。山麓の集落から標高差にして二百メートルもあろうか。たおやかな山稜の台地を覆うナラの純林の木の間越しに、丹精を込めた畑が整然と畝《うね》を並べている。

広大な農園の中央に木造二階建ての手造りの小屋がひとつ。その小屋をみはるかす農園の入り口に一本の標柱が建てられ、そこには無造作にこう刻まれている。

「月田農園、北緯三十七度十三分五十七秒」

多い日で一万本の花を摘む作業を、
月田はひとりでこなすのである。

ヒメサユリという花がある。オトメユリとも呼ばれ、六月になると淡い可憐な紅色の花をつける野生のユリだ。この花は福島、新潟、山形の県境山岳にしか自生しない希少な植物である。ヒメサユリの咲く代表的な山岳に、飯豊《いいで》・朝日連峰や吾妻《あづま》連峰、守門《すもん》岳、浅草岳が挙げられるが、さほどの標高をみない県境付近の山やまでも、その清楚な佇まいを目にすることができる。

特筆すべきは、この花が日本以外のどこにも存在しないことだ。それもこの国の、あるかぎられた緯度にしか育たない。南限はここからほど近い伊南村《いなむら》（現、南会津町）の尾白山《おじらやま》だとされている。つまり月田農園は、ヒメサユリの分布するほぼ南限に位置しているといっていい。

あたりいちめんに若葉を伸ばしはじめたヒメサユリの花芽を見守るように建てられた緯度標識は、南限の地に花開く誇りを語っているかのようであった。

残雪輝く会越国境の山波に魅せられて、長く通いつづけてきた。それはまた、春の山稜に咲いたヒメサユリに出会える心満ちた歳月でもあった。ニッコウキスゲの華やかな装いはないが、こちらを包みこむような清潔で気品に満ちた色香は、一服の清涼

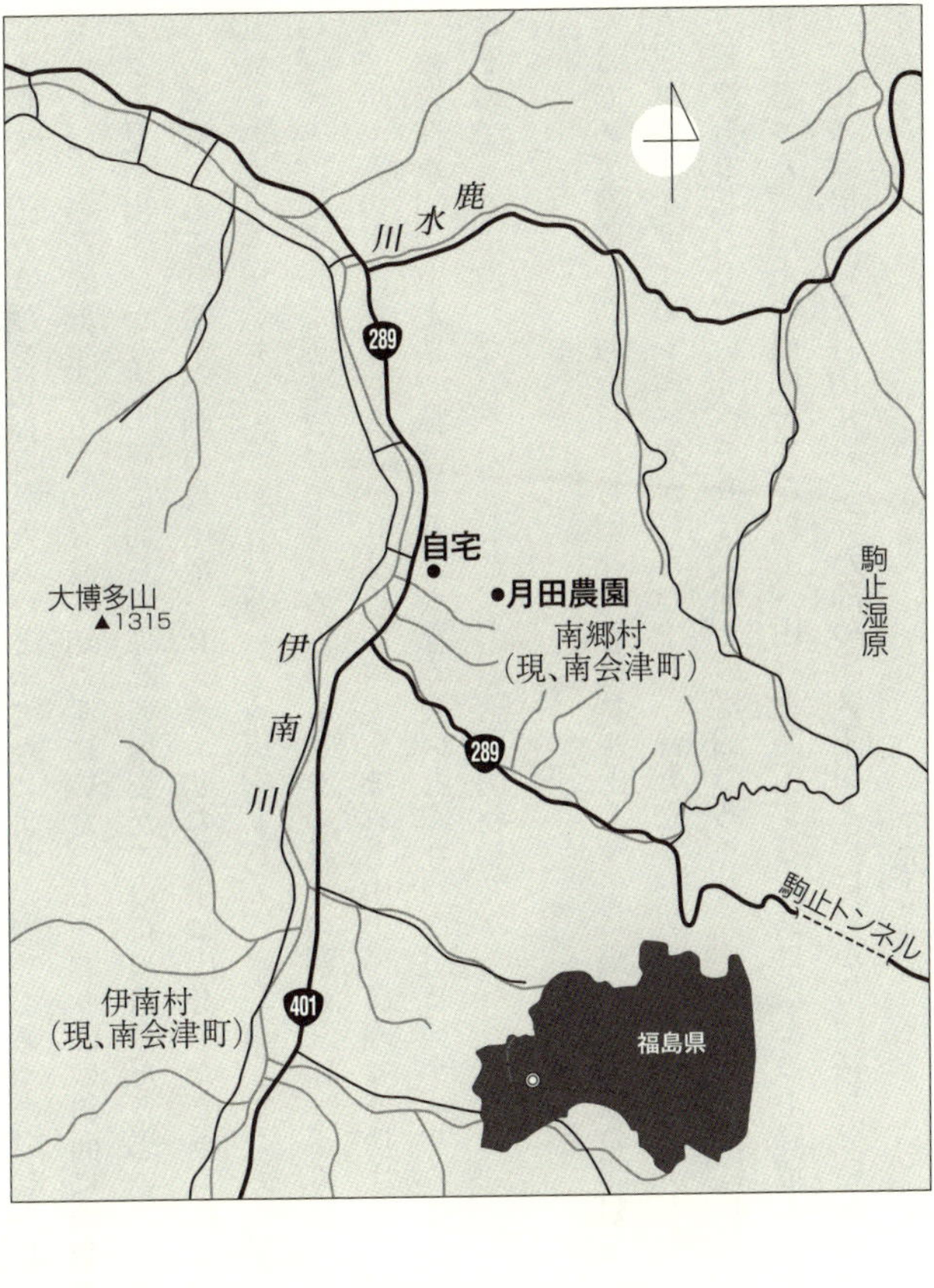
鹿水川
289
自宅
月田農園
大博多山
▲1315
南郷村
（現、南会津町）
駒止湿原
伊南川
289
駒止トンネル
401
伊南村
（現、南会津町）
福島県

にも似て、道なき渓《たに》を彷徨う私たちにとってなによりの慰めであった。しかし迂闊《うかつ》にも、私はこの花が群生することを長く知らずにいた。ときおり山の斜面に艶やかなピンクを見い出すばかりで、風に揺らぐ孤高の風姿がこの花の宿命だと思いこんでいた。

南郷村にある高清水公園の自生地でヒメサユリの群生に出会ったとき、私は信じられぬものを見た思いだった。それは夢幻の光景であった。まだ開ききらない蕾《つぼみ》の紅の深さと、かすかな風を受けて揺れる淡いピンクの花弁の群がりに、手もなく魅了されていったのだ。だからヒメサユリの栽培を、それも山上の農園で成功させているひとの存在を知ったとき、私は一も二もなく会いたくなった。ヒメサユリの呟きを聞くことのできるに違いないそのひとと、山の話を交わしてみたかった。

はじめて農園を訪ねた日、月田礼次郎《つきだれいじろう》はブルドーザーに乗って農地の開墾をしていた。ブルドーザーのショベルがけたたましい音を立て、切り倒されたナラの木の強靭な根を掘り起こしていく。それは大地との格闘であった。その光景を目にした私は一瞬戸惑った。山上の農園を営む以上、山林を開拓する行為になんの不思議もなかったが、花の栽培という月田にいだいた静のイメージと、にわかに短絡していかなかったからである。

持ち山の間伐材で作ったという、木の香も新しい小屋のなかに切られた囲炉裏《いろり》のかたわらで、月田礼次郎は私の当惑を予期したように語ってくれた。

「なにが悪いのか、まだよくわかっていないんですが、ヒメサユリは連作ができないんです。同じ畑に植えると育ちが悪くなるし、ウイルスにすぐやられちまう。ヒメサユリは種を植えてから芽が出るまでに二年、花が咲くまでに四年かかりますから、結局山を開墾して畑を広げる作業が欠かせないんです」

ヒメサユリの栽培方法を見い出したのは父の茂であり、それを確立したのが礼次郎である。物心ついたころから父とともに農園に出かけ、地元の高校を卒業して迷わずこの仕事についた礼次郎の、親子二代のヒメサユリにかける夢が、今日の月田農園を築き上げてきたのである。

「昔は小屋に泊まりこんで作業をしたこともありました。ヒメサユリは栽培の難しい花で、手がかかります。消毒もしなくちゃならないし、こまめに雑草も採らなきゃならない。ウイルスが怖いから、さっき見てもらったでしょうが、ほかの畑から雑菌を持ちこまないように、それぞれの畑の入口に消毒剤を置いて、作業するひとたちにはそこで靴を消毒してから畑に入ってもらうようにしてます。人間はそれでいいんだけど、勝手に畑に入って来るキツネやタヌキたちには、足を消毒しろっていえませんからね、どうにもならない」

「以前は球根を主に出してましたが、いまは切り花が主力になってます。六月になればぼちぼち咲きはじめます。データを取ってみたんですが、開花の時期は平年気温に左右されますから、今年は六月の中旬がピークかな」

ひとしきりヒメサユリの話をしてから月田は、農園を案内しましょう、と私を促した。

小屋のストーブには火が入っていたが、周囲は五月の澄んだ大気と萌《も》える緑に覆われていた。下草を刈り払い、手入れされたナラの林につけられた小径《こみち》をゆっくりと歩いた。春蝉の声がしきりであった。

「この農園とまわりの林も含めると約二十町歩あります。ほんとは手の入らない、そのまんまの原生林が好きなんだけど、昔ここいらに鉱山があって、その坑木を使うために切ったから、これは全部二次林なんです。コシアブラの太い木もあるけど、ここはほとんどがコナラだな」

木立のあいだを心地良い春の風がわたっていく。林を抜けると畑が広がり、径《みち》と畑の境目に疎水《そすい》が音高く流れていた。いくつもの林と畑を交互にたどると小さな池に出た。

「ここは湿地で畑にもならないから、掘って池にしたんだが、次の日にはもうゲンゴロウなんかの水生昆虫が泳いでるんですよ。あれにはほんとびっくりした。羽のある蜻蛉《とんぼ》だったらまだわかるけど、水にしか棲まない昆虫が、ずうっと前からいるような顔して昨日掘ったばかりの池にいるんだから」

この池には、南会津でも絶滅してしまったメダカがいるという。もうここだけにしかいないのだという。池を造ってすぐ鯉を放し、ジュンサイも栽培してみた。しかしジュンサイは収穫の時期がヒメサユリと重なって、結局収穫できないままなのだ、と月田は実に楽しそうに話すのである。マムシも飼ってみたが、いつの間にか逃げられてしまったと、こちらが驚くようなことを平然と口にする。

主力のヒメサユリだけでなく、農園にはリンドウやシラネアオイをはじめとするさまざまな山野の花が栽培され、蕎麦《そば》が作られ、林床にはシイタケのホダ木が横たわっている。

この山上の農園は月田にとって、単に経営の基盤を担う存在にとどまらない。山を遊びつくす場所なのである。山と森をこよなく愛し、生き物たちと共存し、彼らと溶け合うための欠かせない場所だという。遊びたいことを自在に遊び、試したいことを試す実験農園であり、彼自身の生を確認するための、いわば月田ワールドなのである。

実際、月田礼次郎の山の知識はただ事ではなかった。花や蝶や昆虫はいうにおよばず、鳥や獣や樹木や草花にいたるまで、彼の博識は趣味の段階をはるかに超えていた。

「下地はあったんだろうね。小さなころから家の前の林檎《りんご》の木に出る毛虫を採るのが大好きだったし。まあ、珍しいものに出会う感動っていうか、俺が知ってるのはこの辺の地域のものにかぎられるけど、それを知らないと、ここに生きてる意味がないじゃないですか」

風土は、そこに生きるひとを知らず知らずのうちに規定する。しかし無意識に形成された自我と、与えられた環境を知っているひととでは、育まれるものが明らかに異なるはずである。それは受動と能動の差異だといってもいい。風土とは、その土地に吹く風の音を聴くようなものだと思う。

鬱蒼《うっそう》と原生の森が繁っていた太古の時代に、森に住むひとがいた。それがこの百年のあいだに、森は大きく変わってしまった。森はひとびとが暮らしやすいように手が加えられた瞬間に言葉を発しなくなった。ほんとうの森はなくなってしまった。森のひとはもうどこにもいない。けれど、森の声を聴くことのできるひとがわずかに残っている。月田礼次郎は、森の声を聴くことのできる数少ないひとりなのかもしれなかった。

ヒメサユリが咲いたという連絡を受けて、私はふたたび月田農園に車を走らせた。

繊細な花の管理は難しい。
ウイルスやアブラムシや雑草から護るための、気の遠くなる仕事が続く。

農園に着いたのは深夜であった。山の端《は》から昇った月が皓々《こうこう》とあたりを照らし、遠くの森でコノハズクが鳴いていた。森のささやきが聞こえた。銀色の光と紫の影が交錯する静寂のなかに、疎水の音だけが高く低く響いていた。夜に着くなら小屋を開けておくから、という月田の好意を裏切って、私は小屋の外でひとり、ビロードの森に酔いしれながら朝を待った。

月田礼次郎の朝は早かった。ヒメサユリの収穫は朝夕の二回。シーズンは半月ほどだが、なかでも花がいっせいに咲きそろう最盛期の三、四日は地獄の忙しさになる。花は開ききったら売り物にならず、そのために収穫の作業は、摘み取る時期を見定めることのできる月田ひとりにかぎられた。

「シーズンでだいたい十万本ほど出すんだけど、多い日で一万本というのが何回かあります。朝夕でそれぞれ五千本。花は咲くのを待ってくれないし、腰をかがめてばかりの作業だから、これが辛くって」

切り花といっても鋏《はさみ》で切り取るのではない。ヒメサユリは球根の下と上にそれぞれ根を出すが、その上の根の部分から引き抜くのである。腰をかがめたままで一万本の花を摘み取る作業がいかに大変かは、聞くまでもなくよくわかる。

摘み取った花はその場で根を切り落として麓の家に運び、サイズに合わせて選別と

花の収穫時は、
戦場の忙しさになる。

仕分けをし、風に当てて乾燥させてから農協の冷蔵庫に納めるのである。出荷は一日置きで、最近は冷蔵庫が入ったから、これでも大分楽になったと彼はいう。臨時に雇ったひとたちとの共同作業は、そばに近寄れないほどの緊張感がみなぎっていた。

それから私は何度か農園に月田を訪ねた。ある日のこと、アブラムシを防ぐための銀テープを張りめぐらす作業をしていた彼が、畑の一角を指して、ここを開墾しているときに鏃《やじり》が出たのだと話してくれた。この辺りには縄文の遺跡があったという。その後彼がここから掘り出した土器や鏃は、なんと百点を超える。

「黒土と赤土の、ちょうど中間から出たんです。いやあ、あれはほんとに嬉しかった。仕事なんかほっぽり投げて、しばらく切り株に腰掛けて想像に耽っちゃったもの」

月田は、とっておきのことを話すときの小さく舌なめずりする悪戯っぽい仕種《しぐさ》をみせた。それから私たちは、遙かな縄文の時代に思いをめぐらせて刻を忘れた。

文明にふりまわされる現代とはなにか。時間とはいったいなんなのか。食べることは確かに大変なことだったとしても、その日の食糧さえ確保してしまえば、あとは自分たちの思うように生きられた贅沢《ぜいたく》な時代ではなかったか。

竪穴式住居《たてあなしき》に住んだ縄文のひとが、土器にヒメサユリの花を挿《さ》したかもしれないと

六月、月田農園は満開のヒメサユリが咲き群れる。
それは夢幻の光景である。

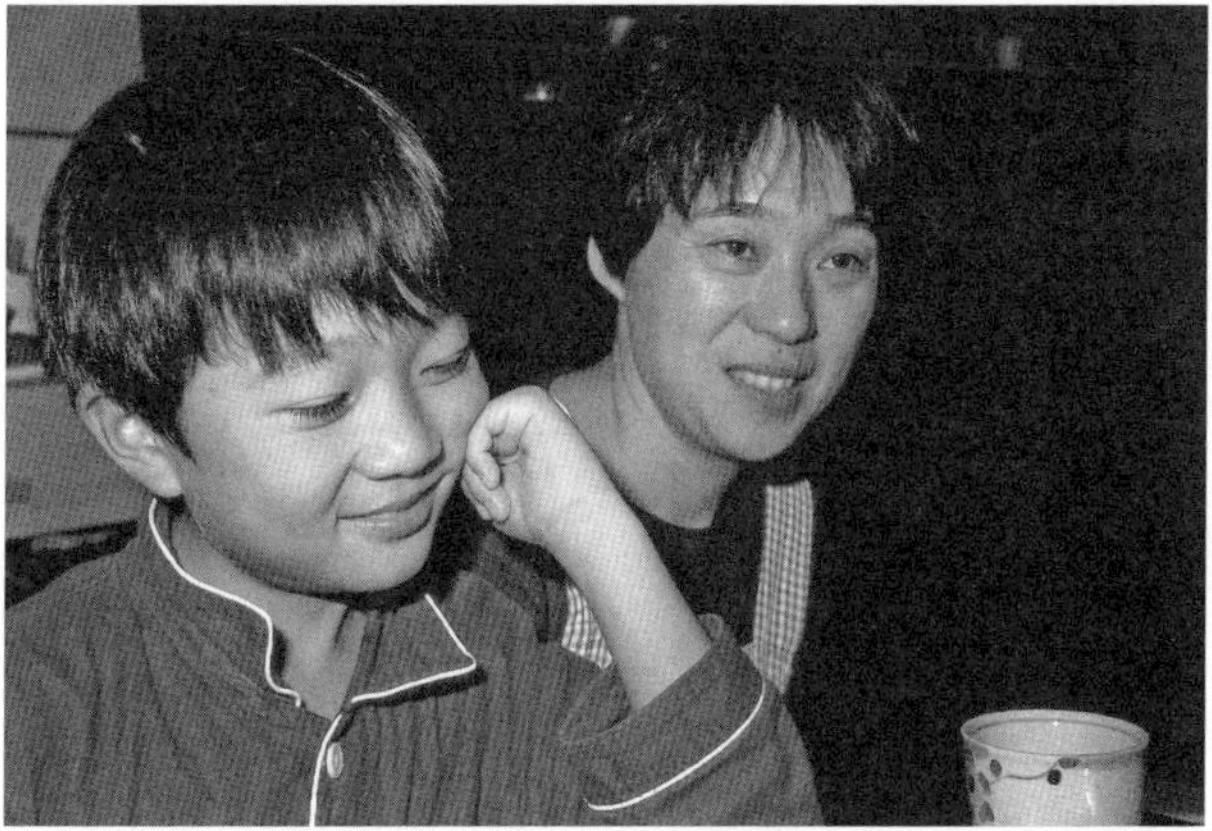

奥さんの洋子さんと長男の耕一郎くん。
森のひとの系譜はかぎりなく続く。

思うだけで楽しいではないか、そう語った月田の言葉が、いつまでも脳裏に焼きついて離れなかった。

初めて月田礼次郎を訪ねた日、私を農園に案内してくれたのは小学三年の長男、耕一郎だった。家には妻の洋子さんがいた。月田が五十歳代だろうことは、電話の声で察していたが、彼の家族構成までは知らなかった。だから目前の若い女性を妻と見ていいか、息子の嫁と見ていいか、私は戸惑った。

「結婚は遅かったんですよ。三十五歳ごろまではまだ余裕だったんだけどね。親父たちも年取っていくし、なんとかしないとまずいなあって」

月田と妻の洋子さんを引き合わせたのもヒメサユリである。郡山で農業を営んでいた洋子さんが、ヒメサユリの球根を欲しいと望んだのがきっかけだった。以来、彼は週末ごとに峠を越えて郡山に通うことになる。

「ひとりで山仕事をすることが多かったから、ふたりでいろんな作業していると、ひとりの何倍も早いんだってはじめて知ったですね。

毎週通ったけど、いやあ、運転が眠くって参りました。でもなんていうか、まあツーアウトからの逆転みたいなもんだな」

月田礼次郎は、照れたようにそう語るのである。

四十五歳で伴侶を得た月田は、洋子とのあいだに耕一郎と祥拓《よしひろ》のふたりの息子をもうけた。祥拓の祥は、礼次郎と洋子の、礼と洋を組み合わせたものである。

「このあいだ耕一郎に、俺と親父の山にかけた夢を話したんですよ。夢を引き継ぐのはお前なんだぞって。まだ小さいからわかってもらったかどうか知りませんけどね」

その夢はなんなのだ、と問う私に、言葉にするのはちょっと難しい、と彼は明言を避けた。そしてそのまま、彼らの夢を私はいまだに確認できずにいるが、別に急ぐことはなにもなかった。

父から月田へ続いた森のひとの系譜は、確実に息子へと受け継がれるだろう。彼らがいだいた見果てぬ夢の行き着く先を、私もまたゆっくりと時間をかけて見守っていけばいいだけのことであった。

私は不意に、濃密でいながら淡く、けれど決して希薄ではなかった山上の森の、艶《つや》やかな夜の闇を思い返していた。

（取材：一九九九年　初出：「渓流」二〇〇〇年春号）

岩手・浄法寺町の漆掻き

佐藤春雄

漆器《しっき》はいうまでもなく日本の代表的な工芸である。その歴史は、古く縄文の時代にまで遡る。発掘されたかぎりでいえば、いまから六千年前の漆器の出土がある。縄文は私たちが学校で学んだような粗雑で無知な文明ではない。発掘が進むにつれて明らかになりつつあるように、縄文の民は堅牢で緻密な文明を築きあげていたのである。縄文の漆《うるし》を「朱の時代」と呼ぶ。最古の漆器は、申し合わせたように朱塗りである。次いで黒の漆器が現われる。漆黒の黒である。縄文の漆を代表する朱と黒は、いったいなにを示しているのだろう。

一説によれば、黒は闇をあらわし、朱は朝日の象徴だという。私たちのまわりから消えてしまった真の闇は、畏怖の対象であり、異界であった。その対極としてある希望と再生の朝日。私はそこに、闇のなかに赤々と燃える火の色の朱を加えていいと思うのだ。

タカッポを手にして漆の木に向かう佐藤春雄。
熟練の気風がただよう。

民器として発展した漆器だが、当初は装飾とハレの儀式に使うものとして生まれた。最古の漆器は櫛《くし》である。ほかに色など使えようのなかった時代に、女性の髪を飾った朱塗りの櫛の、なんと華やかだったことだろう。

江戸時代、東北を中心に、どの山里にも無造作に漆の木が繁り、漆を生活の糧《かて》にするひとびとがいた。藩主がこぞって漆の木の植栽を奨励したからである。漆器のみならず、漆にはいまひとつの大きな用途があった。蝋燭《ろうそく》である。

漆掻きには「養生掻き」と「殺し掻き」の二つの方法がある。殺し掻きは文字通り漆を一年で採取して切り倒してしまうものだが、養生掻きは殺し掻きの半分しか傷をつけず、漆を殺さない。生きたまま傷を受けた漆は、身の危険を感じて夥《おびただ》しい実をつける。その実が良質の蝋燭の材料になった。

いま私たちが日常的に使うご飯茶碗の多くは瀬戸物である。しかし陶器が登場する以前、ご飯と汁の入れ物は漆器であった。当時の生活必需品ともいうべき漆器と蝋燭が、漆産業を支えてきたのである。

やがて時代はめぐり、漆器は瀬戸物に、蝋燭はランプからさらに電気に取って代わられて漆の需要は激減する。各地にあった漆の木は片端から切り倒され、漆掻きたち

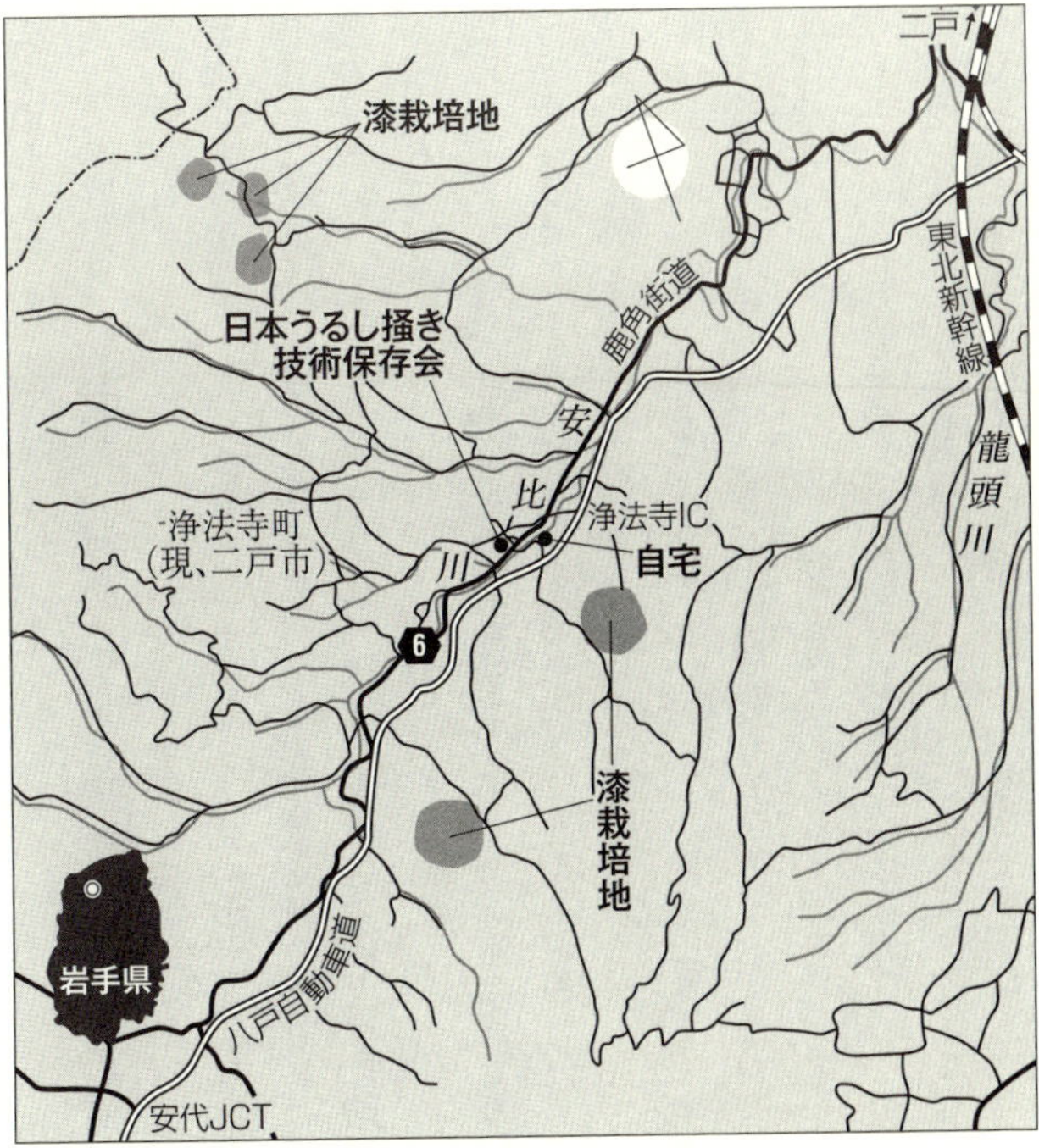

二戸
漆栽培地
日本うるし掻き
技術保存会
鹿角街道
東北新幹線
安
比
川
龍頭川
浄法寺IC
浄法寺町
（現、二戸市）
自宅
6
漆栽培地
八戸自動車道
岩手県
安代JCT

も次第に姿を消していった。

致命的だったのが輸入漆の登場で、品質において国産の比ではないが、値段が六分の一と安かった。漆器は値段のほとんどが漆代と手間賃である。何層にも塗られる漆のすべてに国産ものを使うとべらぼうな値段になり、買い手がかぎられてしまう。いい漆器を作るほど売れなくなるという矛盾である。手間を削るわけにはいかないから漆代にしわ寄せがいく。そこから、下地に外国ものを使い、仕上げに国産漆を塗る苦肉の方法が生まれていく。

現在、国産漆の生産量は、年間消費量のわずか二パーセントに満たない。風前の灯に等しい漆産業を支えているのは、古くから伝わる文化財の修復と、各地に残る伝統的な漆器産地と、本物を志向する買い手たちによる需要である。

私たちにとって漆器は、年に数度のめでたい席にしか取り出さず、あとは押入れにしまっておくイメージしかない。しかし、漆器はもっとざくざく使っていいものだ。漆器は使えば使うほど、しっとりとした艶と深みのある光沢を増していく。それはいく重にも塗られた漆が相乗して醸し出す味わいである。

堅牢性に満ち、補修もでき、必要最小限の手入れをすれば何世代にもわたって使えるという。そう考えれば、漆器はけっして高い買い物ではあるまい。

ジャパンと呼ばれ、唯一日本にしかない漆器を見直し、身近において使ってみること。どうやらそれしか漆にまつわる産業を支え、発展させていく方法はなさそうである。

稀少な和漆《わうるし》を供給し続けるひとたちがいる。そうした漆掻き職人をテーマに取り上げてみたかった。山中を駆けめぐり、無数の漆の木から樹液を採取して暮らす彼らは、山に生きるひとびとの象徴といっていい存在に思えたからだ。

漆掻きの存在は、思いがけないところからもたらされた。岩手に転勤した古い山仲間の小松正秋が、二戸《にのへ》郡浄法寺町《じょうぼうじまち》（現、二戸市）に漆掻き職人の一群がいると知らせてきた。

東北地方は縄文が花開いた地である。それはそのままブナ帯文化に重ね合わされる。弥生の発祥をになう西日本にも縄文の遺跡はあるが、植生が照葉樹林に変化していったために、その数は東日本に比して圧倒的に少ない。ブナやクリやトチに代表される広葉樹の森の恵みは、狩猟採集を常とする縄文の民にとって欠かせないものだった。そして東北北部は、縄文の一大宝庫と呼んでいい地であった。

全山が新緑に萌える初夏の夕暮れに浄法寺町を訪ねた。新幹線で小松の住む北上まで行き、そこから彼の車で北に向かった。こんなとき、古い山仲間の存在はなによりありがたい。

奥羽山脈でもなく、北上山地でもない。両者が融合して高度を落とすおだやかな丘陵の広がりに浄法寺町はあった。ゆったりとした刻の流れる町だった。町の中央を貫く安比《あっぴ》川を眺めているうちに、私は何度も訪れたことのあるような懐かしい感覚に包まれていった。

午後の斜光が降り注ぎ、山の端《は》や川面を柔らかに浮かび上がらせていた。北の大地の、優しさに満ちた安らぎであった。

町役場の一室にある「日本うるし掻き技術保存会」を訪ねた。休日の午後にもかかわらず事務局の樋口萬治《ひぐちまんじ》氏が待っていてくださり、漆掻きが使う特殊な道具や仕事の実態を説明していただいた。

日本うるし掻き技術保存会は、国産漆の実に六十パーセントを占める浄法寺漆を保存育成するために設立した団体で、現在三十名近い会員がいる。事務局を除いてほとんどが現役の漆掻き職人で、多くは高齢者だが、なかには十代や二十代の会員も散見されて、どうやら後継者も育っているらしい、と安堵するのである。

その技術保存会副会長の佐藤春雄《はるお》を紹介してくれるという。明日一日、漆掻きの仕事を見せてもらい、夜は彼を囲んで漆の話を聞くことでどうだ、というなんとも嬉しい計らいだった。

さわやかな風が北の大地に流れる朝、樋口氏とともに佐藤春雄のあとを追う。本来なら漆掻きの作業は午前四時にははじまる。漆掻きに適しているのは、気温が低く湿度の高い早朝と夕刻である。それは木の内部と外部の温度差によって生じる圧力がもたらすものである。

いちめんの漆の緑が山を覆っていた。漆の木の交わす囁きが聞こえてきそうであった。秋には全山が朱に染まるが、傷を受けた漆の葉ほど鮮やかな赤になるという。作業をはじめた佐藤春雄は、とたんに寡黙になり、表情が引き締まる。白いシャツに黒い前掛けの、そのいたるところに漆の飛び散った跡が残る。

シャッ、シャッ、シャッ、シャッ、シャッ。

鶯《うぐいす》がのどかに初夏を謳う山間に、漆の木の皮を削る音が谺《こだま》する。漆の表皮は凹凸があり、漆を掻く傷を一定の深さにするために、荒皮を剝ぐ作業は重要な意味を持つ。

漆掻きの時期は、六月半ばから十月までの五ヵ月足らず。現在浄法寺には百ヘク

鶯の鳴く山間の森で、漆を掻く。
漆の一滴は、金の一滴と呼ばれ、一本の木から取れる量は、一六〇グラム程度にすぎない。

タール、二十万本の漆の木がある。もちろんすべて栽培したものだ。三分の一が日本文化財漆協会の委託林、三分の一が浄法寺漆生産組合のもの、残る三分の一が個人の持ち山の漆だ。漆が掻けるのは直径八センチ以上の木に限られ、ひとりの職人が一年で掻くのは四百本前後。まず地上から二十センチ、そこから四十センチごとに目立《めだち》と呼ぶ目印の浅い傷を付ける。この目立が、一本の木でおよそ三、四ヵ所。次いでそれぞれの目立の上に辺《へん》付《つ》けという傷を付ける。漆の木に、ここから掻きはじめるぞ、と知らせるための傷である。そして辺付けの次に付ける二本目の傷から、実際の漆の採取がはじまる。

同じ作業を重ねて一日で百本の木を掻く。二日目に次の百本、三日目にまた百本と、四日間で四百本の木をまわり、五日目にもとの百本に戻って次の傷を付けて漆を掻く。中四日を置くのは、傷を付けられた漆が傷を直そうとして、樹皮の下にある血管のような溝を通り、傷の周囲に漆の液を集めるからであり、そのために必要な日数が四日間なのである。目立と目立のあいだには、シーズンを通して二十三、四ヵ所の傷が付けられる。

大きく円弧を描いた形状の鎌で樹皮を削り、掻き鎌で傷を付け、篦《へら》(掻きべら)で一滴ずつ樹液をすくい、タカッポと呼ぶホウの皮で作った容器にこそぎ取る一連の所

漆掻きの七つ道具。手前から掻き箆三種。
次いで掻き鎌と、終期の厚くなった皮を剝ぐのに使うエグリと呼ばれる道具。

作を、佐藤春雄はまことに澱《よど》みなく、流れるように行なっていく。すべからく名人の所作には無駄というものがない。

傷を付けた条痕《じょうこん》から、すぐさま乳白色の樹液が滲み出してくる。それが私には、漆の流した涙に思えてならなかった。

ひと掻きですくう樹液は一グラムにもおよばず、シーズンを通して一本の木から取れる漆は一六〇グラム程度にすぎない。年間で一斗樽に四個も採れれば上出来だというのだから、漆を金の水と呼ぶのも頷ける。

「忙しいがらさ、やり甲斐があるのよ。ひと掻きひと掻きがほれ、金《きん》と同じだべ。一日なんぼになったって、すぐわがるからよ」

漆掻きにも季節があり、初期は掻き傷を短くし、葉が繁り樹勢が増すにつれて徐々に傷を長くしていく。

「木の勢いを見ながら、慣らして行くのよ。傷の具合で木に教えてるわげだ。目覚めさせるっていったらいいべがな」

掻きはじめの漆が初辺漆《はつへん》、七月半ばから八月までの、樹勢の盛んな漆が盛《さか》り辺《へん》で、初辺の二倍の量が取れ、高値で取引される。盛り辺漆は乾きが早く、塗ったときの伸びが違うという。九月に入って掻いたのが末辺漆《すえへん》、そして十月以降が裏目漆《うらめ》で、それ

明るい漆の林を、持ち山へ向かう。
下草を整理するのも仕事のうちである。

掻いた漆は樽に移して油紙で密封する。
乳白色だった漆は、やがて褐色に変わっていく。

それが違う樽に納められて密封して出荷され、漆掻きの一年が終わる。

漆掻きは漆の木との対話そのものだ。四日おきといえど、雨が降っては仕事にならず、その日の天候と、温度と湿度を睨んで微妙に傷の付け方を変えていく。ひとり黙々と山中をめぐるきびしい仕事だが、その合間に下草に混じるワラビやシドケなどの山菜を摘むのも楽しいと、佐藤春雄は屈託のない笑顔を向けた。

茜《あかね》の空が光を失い、静かに闇が忍び寄っていた。周囲に点在するはずの縄文の遺跡に触発されたわけでもあるまいが、やはりこの町には、ゆるやかな刻が流れていると思えた。それは失われたはずの真の闇の片鱗が、まだどこかに残っているように感じたためかも知れなかった。

今夜の泊まり客は私たちだけで、広間のテーブルを囲んでささやかな宴を開いた。仕事を終えた佐藤春雄は、うまそうに盃を重ねた。漆掻きひと筋に六十八年の歳月を生きた自信が滲み出ていた。その長い経験から得た、漆にまつわる話を訥々《とつとつ》と語ってくれた。

誰が掻いても、採れる漆の質そのものに変わりはないと思っていたが、そこにはやはり技があり、ひとによって微妙に収穫量や品質に差がでるという。

十六歳からはじめた仕事だが、初めから漆掻きになろうと思ったわけではない。職人に不幸があって手伝いを頼まれ、それが偶然に三度続いたおかげで、それぞれ三人の師匠に付いて学んだのが、いまの佐藤の技の礎になったという。

「そいがら弘前の問屋に雇われて五年も掻いだがな。そいで独立してさ。二十年出稼ぎしてからここさ戻って、じょぼじ（浄法寺）の漆さ掻いでるのよ」

五年の修行をもとに、津軽の山を隅ずみまで歩いた。いわば流れの渡り職人のようなものだ。漆の成育する場所は五年の経験の結実だった。殺し掻きで倒しても、漆は根もとから生えてくる。根こそぎ掘り起こしでもしないかぎり、漆の木は未来永劫に葉を伸ばし続けるからである。

長年の信用で、山の木を丸ごと買って漆を掻いた。炭焼き窯の周囲にはいい漆が生える。窯の熱が漆の成育を促すからだ。リンゴ畑の周辺は、漆を嫌う農家が無償で提供してくれた。そうして転々と山をめぐった。

酒がすすみ、興が乗るにつれて佐藤春雄の舌が滑らかになり、話はやおら方向を転じていく。

「漆は個人差があるども、みんなかぶれるのよ。特に肌の敏感な内股などの柔らかい場所が腫れやすいな。それで寝るどぎは軍手してさ、素手で掻かねえように紐で縛るわげだ。一年ぐらいすれば治まるども、嬶《かが》（嫁）もらえば今度は嬶にも移るし。可愛がるとぎにほれ……」

悲喜こもごもの光景は、漆掻きのどうやら宿命でもあるらしい。

「おれは金取り（仕事に熱心なひと）で、盆にも家に帰らなかったからよ。嬶ねえって思われたんだべ。娘ける（くれる）っていわれてさ。おれは嬶あるからいらねえって断るんだども、信じて貰えねなくってな。嬶あるがら、手え付けたら終わりだべ」

定宿《じょうやど》の困窮を見るに忍びず、大枚をはたいたことが再三あり、助けられた家が娘を嫁にどうか、と申し出たのも一度や二度ではない。

やがて座は乱れ、話はあちらに飛び、こちらに飛ぶ。頃合いをみて私は話を戻しにかかる。

——佐藤さんの人徳で娘を嫁にどうか、という話があったとき、どうされたんですか？

「おれは嬶あるがらよ。なにもできねべ」

——でも、忍んできたりってことはなかったんですか？

「おれは嬶あるがらよ」

——来たの？

「……来たよ。んでも話だけでなあんにもしねえのよ」

浄法寺塗りの実演。
豊潤な漆の里でさえ、材料はほとんど外国産だという。

おおらかな時代の温もりが、そこにあった。

三日目はあいにくの雨だった。いま一度漆掻きを見せてもらう手筈だったが、梅雨の最中《さなか》であってみれば、きのうの晴天はむしろ幸運だった。

樋口氏に歴史民俗資料館と、普段なら一般者は見ることのできない文化財収蔵庫を案内していただいた。

室温管理された収蔵庫の室内には、時代を超えた漆器が数多く眠っていた。名も知れぬ匠《たくみ》たちの呟きが籠もっているようであった。

歴史民俗資料館には、さまざまな歴史の痕跡に混じって、掻きおえた漆材で造った魚網に使う浮子《うき》[註1]があり、山の漆と海の魚の共生を伝えていた。

外に出てみると、道端に漆の木が無造作に繁り、おりからの雨を受けて佇んでいた。ああ、ここはまだ、里と山が乖離《かいり》していない地だ、と痛切に思う。ひとは山野によって生かされていた。重ね合わされたときの流れが、たしかにいまをかたち作っている。そんな余韻に浸りながら、私はやわらかに降る雨を見あげた。

（取材：一九九九年　初出：「渓流」二〇〇〇年夏号）

註1　網が沈まないようにするウキのこと。アバという。

取材協力（敬称略）
浦和浪漫山岳会ＯＢ会・小松正秋
日本うるし掻き技術保存会・樋口萬治
浄法寺町教育委員会・中村裕

参考文献

『漆―うるわしのアジア』（大西長利　ＮＥＣクリエイティブ刊）
『本物の漆器』（新潮社）
『手業に学べ』（塩野米松　小学館）
『森の博物館』（稲本正　小学館）
『山に暮らす―失われゆく山の民俗学』（遠藤ケイ　岩波書店）
ウェブサイト「漆を科学する会」

朝日・飯豊の山々とともに生きる

関 英俊

雪が降っていた。山の本性を見せつけるような激しい降り方だった。野山は白く塗りこめられて、川も森も定かではなかった。

部屋の中央に置かれた薪ストーブが明るい炎を上げていた。窓は吹きつのる雪で曇り、対岸にのしかかるように立つ徳網山《とくあみやま》の白い稜線を、淡く浮かび上がらせていた。

ストーブを囲んで男がふたり。ひとりは主の関英俊《せきひでとし》で、歳は私より三つほど若かった。かたわらに、茨城からはるばる訪ねてきた関の古い友人の鈴木仁《じん》がいた。関英俊が猟で獲ったという鴨鍋が振る舞われ、春から蓄えておいた山菜とともに古い漆の膳に乗せて供された。漆の膳は、近くの民家が解体されたときに出てきたものを頼んで貰っておいたのだという。

男たちの山と渓《たに》をめぐる話はとりとめもなく続き、酒瓶が容赦なく倒されていく。

山形県西置賜郡《にしおきたまぐん》小国町《おぐにまち》五味沢《ごみさわ》。マタギの作法に則った巻き狩りによるクマ撃ちの伝

卓越した山の技術を持ち、山に焦がれて朝日の山中に住む。
たったひとりの暮らしは、すべてのものから自由である。

統を残す山深いこの集落の、最奥に近い徳網の地に関英俊の家はあった。見わたす周囲に人家はなかった。少しは集落から離れたほうが互いに気を使わなくて済むだろう、という関の考えによるものだった。ここより奥には、関が世話になっている親父（伊藤辰諠《たつよし》）の家が一軒あるだけである。家の前を通る道は、やがて山道に変わり、いつしか広大な朝日連峰のふところ深く吸いこまれていくのである。

広葉樹の森を背にした百五十坪の土地に建つ、築三年の木の香の匂う家だった。この地方独特の高床式の住まいにならい、一階が土間で二階が住居になっていた。二階には居間のほかに二部屋があり、独り暮らしの関が住むには充分の広さといえた。

「一千万ぐらいかかったかな。満足してるわけではねえけど、こんなもんだろうな。土地代も、たいしたもんじゃなかったしな」

茨城からこの地にきて六年が経っていた。関英俊は、朝日連峰を間近に仰ぐ五味沢の地に、完全に溶けこんでいるように思えた。

吹雪はやむ気配を見せず、すべてのものを凍らせ、暖かい部屋のなかで男たちの夜が更けていく。酒が饒舌をいざない、やがて私は、はじめて訪れたとは思えない居心地のよさに紛れて、酔眼のうちに沈んでいった。

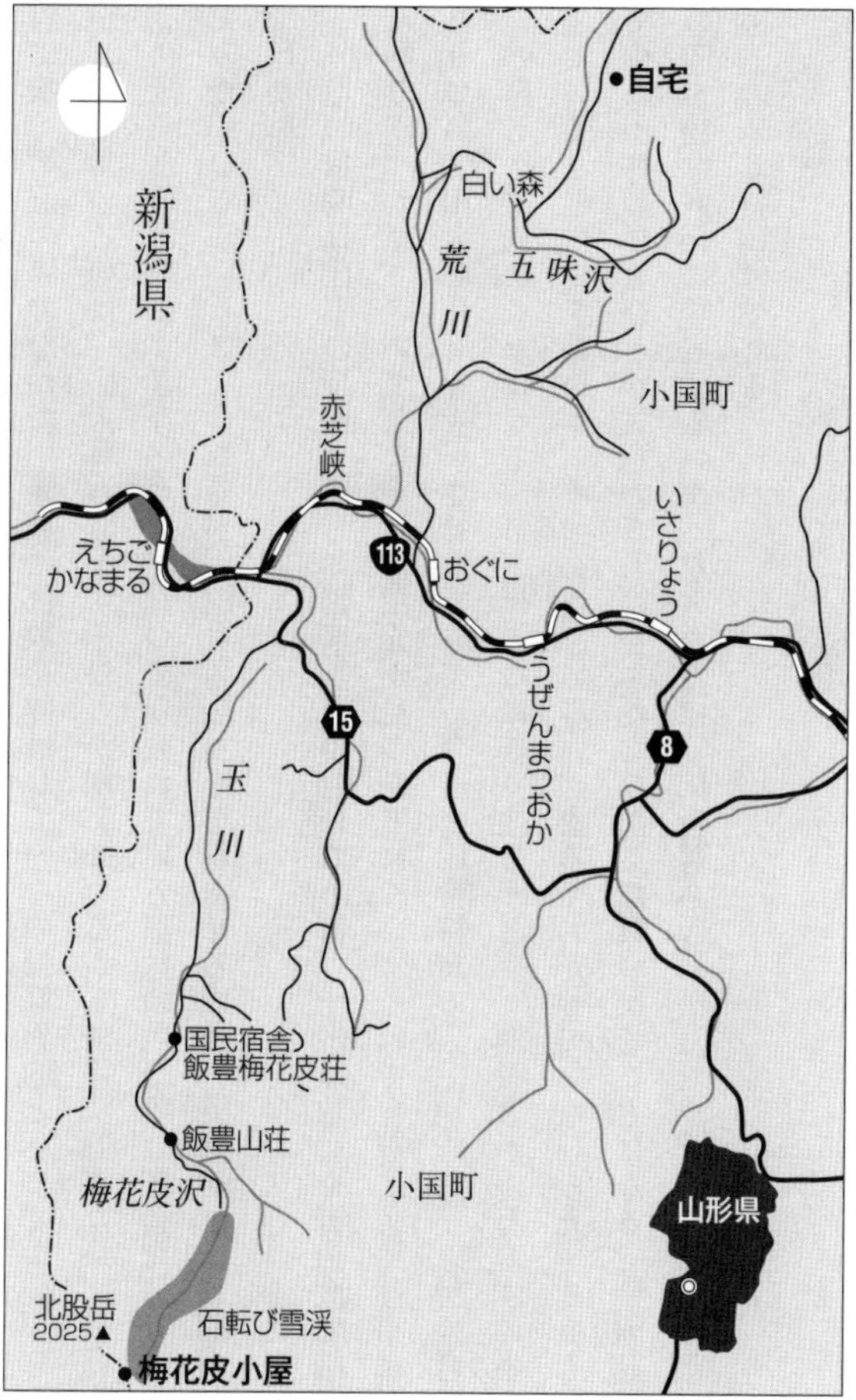

自宅
白い森
荒川
五味沢
新潟県
小国町
赤芝峡
いさりょう
えちご
かなまる
113
おぐに
うぜんまつおか
15
8
玉川
国民宿舎
飯豊梅花皮荘
飯豊山荘
梅花皮沢
小国町
山形県
北股岳
2025
石転び雪渓
梅花皮小屋

田舎暮らしのための情報誌が売れているらしい。七、八誌もあるだろうか。出版業界に吹く不況の嵐のなかで、順調に部数を伸ばしているのは驚異的といってよい。しかし売れているのは、田舎暮らしをするひとが増えているからでは決してない。情報誌に求めるのは夢にすぎないからだ。つまり売れている部数の数だけ、田舎で暮らしてみたいひとがいることになるが、田舎暮らしを実現させるのは、実はそれほど簡単ではない。

一番の難関は仕事の確保である。働き盛りの若いころは、子供の教育や資金面で踏ん切りがつかず、老いてしまえば雇用先が見つかりにくい。それでも首尾よく仕事にありついて田舎暮らしを実現させたとして、今度は田舎特有の、閉鎖的なひと付き合いの難しさに悩むことになる。ひとはどこに移り住もうとも、他者とかかわらずに生きていくことはできないが、そのあたりの理屈がまるでわかっていないのだ。そうして少なからぬひとびとが失意のうちに、ふたたび都会に舞い戻ることになる。情報誌の中古物件情報に登場するログハウスなどは、田舎暮らしに破れたひとたちの夢の痕跡といっていいのである。

関英俊が、地元の茨城で長年勤めた会社を辞め、小国町に移り住んだのは四十二歳のときである。あまりに突然のことだったので、周囲の人間は一様に驚いた、と友人の鈴木仁はいうのだが、関にとってみれば、それは熟考の末の決断だった。決断を促したのは、会社が行なったリストラに伴う退職勧奨制度だった。退職金の割増があったからである。独り身の気軽さもあった。

ここまでは、一般的な田舎暮らしに転じた者たちと変わりはない。が、関が異彩を放つのは、山とともに生きることを仕事の対象として求めた点である。山菜やキノコなどの山の幸を採って暮らせないかと考えたのだ。それは私たちが失って久しい、懐かしい時代の暮らしであり、狩猟と採集によって生きた縄文びとへの回帰願望と呼んでもいいが、これまでの田舎暮らしの求職情報からは欠落していた、まったく新しい発想である。逆転の発想といってもいい。その発想を導いたのは、関が登ってきた山とのかかわりにほかならない。

彼の山行ノートを見て私は驚いた。びっしりと書きこまれた山行記録の多くが単独行だったからである。交代制勤務で一緒に登る仲間がいないから仕方がなかったと彼はいうが、それでもなかには、難渓で知られる川内《かわち》の早出《はいで》川流域の遡行もあり、彼の優れた山の技量の一端を伺い知ることができる。

単独行は知的遊戯だ。すべての行動を自分の責任でこなさなくてはならず、助けてくれる相手もいない。重荷を背負って山や渓に日を過ごし、おのれの内にひそむ野性の感覚を研ぎ澄ませ、山の声を聞き、渓に同化する行為である。関英俊は、単独で山との対話を繰り返すことによって、山暮らしへの憧れをきわめて自然に醸成させていったのである。

候補地はいくつかあったらしい。東北の焼石《やけいし》連峰の山麓もそのひとつだったと聞く。

「まあ、いろんな条件が折り合わなくて」

と関は多くを語らない。

朝日連峰は彼のお気に入りの山域で、年に何度となく、飽かず訪ねた。この地を終《つい》の住処《すみか》に定めるうえでなにより幸いだったのは、入下山のおりに知り合った親父さんの存在である。地元の理解者がいるといないでは、田舎で暮らしていくうえで決定的な差が生まれる。

「最初のころはオウム[註1]じゃねえかって疑われたもんなあ。いまじゃ、地元のばあさんたちとも仲よくなっちまったけど」

かなり離れた家のばあさんたちが、ときおり関の家まで歩いて訪ねて来るようになった。

「ここに住めばエネルギーを注がなくて済むかと思ったが、やっぱり結構エネルギーを使うもんだ」

田舎暮らしの難しさは、ただ山が好きだというだけでは解決しない。

茨城を離れた彼は、親父の家に間借りして山里の暮らしをはじめた。念願の山の仕事は親父との二人三脚によって解決した。春はゼンマイを採り、親父がそれを乾して製品にし、秋はキノコを採って、それを親父が売りさばく。シャイな性格の関にとって、キロいくらという取り分にこだわるよりも、山で暮らしてきた親父にすべてを仕切ってもらうほうが好都合であった。

ゼンマイの採れる場所を親父に教えてもらい、キノコは自分の足で歩いてシロ[註2]を見つけた。キノコのほとんどはマイタケである。マイタケはミズナラの木にしか出ない。しかもその確率は百本に一本の割合といわれる。彼は、五味沢に来てからの六年の歳月で、すでに百本のマイタケのシロを見つけたという。つまりは一万本のミズナラを見てまわった計算である。

三年が経ち、関はようやくこの地で暮らしていく自信を深めた。親父の家の近くの土地を譲り受けて新居を構え、そのあいだに小国山岳会に入会し、狩猟の免許を取って五味沢のマタギ衆の仲間にも加わった。山とかかわって生きたいという関の、貪欲なまでの姿勢がもたらした果実である。

五月末、山深い五味沢に春が訪れた。徳網山がいちめんの緑に覆われ、田植えの済んだ田の面《も》に、飯豊連峰の白い峰の連なりが映えていた。関と私は朝早く家を出た。ゼンマイ採りは、いまが佳境であった。目前の荒川に架かる丸木の橋をわたり、徳網沢を目指した。橋の上から朝日連峰の稜線が遠く望まれ、その膨大な雪解けの水を集めて、荒川が薄い濁りを帯びて流れていた。

徳網沢に沿って延びるゼンマイ径《みち》は、すぐに雪渓の下に息をひそめていった。さほどの標高差がないとはいえ、その雪渓を稜線の鞍部まで、関は一気に登った。みごとなまでの体力であった。鞍部の向こうは三面《みおもて》川の源流だった。ゼンマイ採りは、その伸び具合に合わせて入る沢を自在に変えるが、きょうは私を気遣ってか、比較的近場にしてくれたようだった。急峻な雪渓を上下しながら、関は精力的にゼンマイを採った。関を追って私もカメラを片手に沢から沢へと歩いたが、やがて疲れて、焚き火をしながら彼を待った。うららかな春の日で、ブナの新緑の向こうに祝瓶山《いわいがめやま》が白く輝いていた。

ゼンマイ採りに関するかぎり、私は少しうるさい。奥会津のゼンマイ採りを長く取材してきたからである。会津と小国で、ゼンマイの採り方に違いがあるのかどうかも見たかった。会津ではクモケツと呼ぶ背負い袋でゼンマイを集め、それをまとめて籠で背負い下ろすが、関は大きな風呂敷を使った。

「こっちではみんな風呂敷だ。でもヘルメット被ってゼンマイ採ってるのは俺ぐらいだべなあ。時期は大体五月はじめから六月いっぱいぐらいまでだ。儲けか？　儲けは親父と折半だな」

陽が傾くころ山を下りた。桂の巨木が山の歴史を伝えるように佇み、関は流れのかたわらに芽を出したシオデやウルイを摘んだ。親父の家に着いたのは午後三時だった。ゼンマイの綿を採り、茹で上げる作業をしながら、関は親父にゼンマイの出具合を告げるが、ふたりの会話が私にはまるで理解できなかった。この地方独特の方言は、同じ東北出身の私でさえ聞き取りにくく、茨城訛《なま》りを残す関が小国の言葉で話すのだから無理もなかった。

「俺も最初はわかんなくって適当に相槌打ってたんだが、最近ようやく理解できるようになったもんな」

と関は苦笑する。

ゼンマイの茹で上がるのを潮に、私たちは親父の家の勝手口でビールを一本呑んで関の家に戻り、ひと風呂浴びてから酒を呑みはじめた。きょうの仕事はここまでだった。

会津のゼンマイ採りに共通する物言いがある。俺たちは好きでこんなつらい仕事をしているわけではない。辞められるものならいつでも辞めたい。どの小屋の親父も、そういいながら、実は山が好きでたまらないのだった。朝四時に出掛けて昼前にいったん帰り、午後ふたたび採りに出て、一日七十キロ前後のゼンマイを採る。その合間に綿を採り、ゼンマイを茹でて干しあげる。時間などいくらあっても足りることがなく、夜遅くまで夫婦で働いてシーズンに二百万前後の高収入を得る。それは田畑に乏しく、現金収入の少ない山里ならではの仕事であり、天候に左右される重労働である。そうやって彼らは必死に働き、一年の生活費の大半をゼンマイ採りによって稼ぎとるのである。しかし関は違った。

「つらいことはつらいが、のんびりやればいいいって開き直ってるんだ」

朝の出掛けに弁当を持ち、午後三時には山を降りる。それでいい。なにもゼンマイに血道を上げて、がむしゃらに採ることはない。山を眺め、山に浸って山を楽しむ。そうでなくては、故郷を離れて山暮らしをする意味がない。それが関の持論であった。

七月、深い残雪をいただく飯豊《いいで》連峰に登った。長大な梅花皮沢《かいらぎ》の石転《いしころ》び雪渓をつめて、稜線に立つ梅花皮小屋を訪ねたのだ。

「何人で来た？　三人か。そんならこっちに泊まればいい」

相変わらずぶっきらぼうに私を迎えた関は、そういって管理棟の一角を空けてくれた。

広大な飯豊連峰に食いいる小国町の南端に梅花皮小屋はある。町が所有するこの小屋に、関は七月半ばから八月いっぱいまで管理人として働いていた。山菜とキノコは計算どおりだったが、山小屋だけが計算外だったと関はいう。小屋の管理に協力している小国山岳会が、自由業の関を恰好の人材とばかり、小屋番に送りこんだのである。

重労働のゼンマイ採りとマイタケ採りの仕事を動とすれば、小屋番は静である。動かないから太ってしようがない、と関は笑うが、しかしすることは山ほどある。おりから連休の初日とあって、午後をまわった時刻には登山者が続々と押し寄せて、やがて小屋は戦場になった。

百名山を擁する花の名山として人気の高い飯豊連峰は、この時季、膨大な登山者を迎える。山域に何ヵ所も小屋があり、宿泊者の分散を図っているが、それでも週末の小屋は立錐の余地のないほどの登山者で埋まる。

毎日定期的に山岳会と連絡をとり、登山者の動向を調べ、天候に気を配る。宿泊者

関は金カンジキを使わない。スパイク足袋である。
その足構えで、すべての斜面をこなしてゼンマイを採る。

深い山中に分け入ってマイタケを探す。
関央俊には、みずから探し当てた百本のマイタケの出る木がある。

ゼンマイ採りのなかでも「ヘルメットででかけるのは俺ぐらいだべなあ」と語る。
胸のバッグに集めたゼンマイをまとめて風呂敷につつんでは次の場所に移動する。

から料金を取って宿帳を書かせ、部屋割りを決め、ビールを売る。掃除もしなくてはならず、一日のまとめもある。食事を提供しないからまだ楽ともいえるが、ひとりで仕切るには限界を超えた仕事量である。管理棟に二泊した私は、ただで泊めてもらうのは申しわけないと、ビールを売ったり受付をしたりして手伝ったが、小屋のチョッキを着て小屋番を気取るのは、無責任におもしろいものだった。

　昨年八月に新築された小屋は定員六十名だが、はじめて迎える連休のきょう、宿泊希望者はすでにそれをはるかに超え、どれほどになるのか見当もつかなかった。避難小屋の機能も備えている以上、断るわけにはいかない。やがて遅れてきた登山者が、寝る場所がない、と関を呼びに来る。頼んでも場所を空けてくれず、管理人でないとどうにもならないという。この整理がまたひと仕事なのだ。

「連中は狸寝入りすっから。いってもなかなかいうことを聞かねえし、酒でも呑まないとやってらんねえべなあ」

　従って、関は三時ごろからビールを呑み出す。気合で負けないように、である。小屋のビールは八百円である。私から見ても高い。高くても呑みたいから買う。だから客からすれば文句のひとつもいいたくなる。そんなときの関の、登山者への対応が絶品だった。

「高いって思うんなら、べつに買ってくんなくてもいいんだあ。銀座で呑んでみろ、とても八百円じゃ呑めねえべ」

このあたりは完璧に気合勝ちである。だが、荷上げにキロあたり千円かかると聞けば、あながち高いともいえまい。

結局この日の宿泊者は九十七名。泊まりきれなかった者のために、関が小屋の外に張ってやったシートで過ごしたのが二十名はいただろう。ひとに遭わない山ばかり登っている私にとって、なんとも凄まじい光景であった。

小屋に泊まった二晩とも、地元のひとが登ってきていた。それは農作業の合間に涼を求める夫婦であったり、山の関係者であったりしたが、関は彼らを管理棟に泊めた。狭い管理棟の一隅の、それでも登山者でひしめく本館よりは、はるかに優雅な空間に身を小さくして座りこみ、自家製の漬物や弁当を広げて、里の出来事や山の話に興じる彼らの姿は、まことに微笑ましいものだった。それはひとえに関の人柄が招いた光景である。何度か自宅へ通った私に対しても、彼はいっさい媚びず、へつらわず、淡々と接した。それでいて朝の早い彼を起こすまいと、家から少し離れた場所に止めた私の車の音を聞きつけて、布団を敷いておいた暖かい部屋に導きいれるのが常だった。それはともすれば無愛想に見える関の、芯から湧き出る温かさだった。もう私は、彼の出自や経歴などどうでもよくなっていた。関英俊という、たぐい稀《まれ》な精神の勁《つよ》さと心根《こころね》のやさしさをもつひとりの男が、朝日連峰のふところ深く翔けめぐり、飯豊の山小屋に生きる、その息づかいに触れるだけで心満ちていた。

山に紅葉が走りはじめた九月の末、私たちはマイタケを求めてふたたび徳網沢を越えた。朽ち葉の甘い香りが漂っていた。今年はキノコが遅いという。山が色づけばなんとかなるとは思うが、このまま不作で年を終えるかもしれない、ともいう。そうすれば、あとは晩秋のナメコとヌケオチ（エゾハリタケ）に期待するほかない。それでもこの日、五キロのマイタケが採れた。マイタケにしてもナメコにしても、関はナイフを使わない。それがこの地方の採り方で、キノコは金物を嫌うからだという。それはゼンマイを採るときの風呂敷や、高床式に建てた家と同じ考えである。ほかがどうであれ、徹底して地元の方法に合わせること、それがこの地に生きるための、関英俊の知恵なのだ。

関はシーズンに百キロのマイタケを採る。ゼンマイ採りと小屋番の収入を合わせても、関の年間所得は会社勤めのころの水準に、はるかにおよばない。だが、自分の理想に従ってシンプルに生きる関にとっては、必要にして充分な収入なのだ。車もなく、テレビもない。あとは暮らしに必要な費用と、好きな酒と、ショートピースを買う金があればいい。家を建てるために使ったほかは、退職金も手つかずで残っている。

山を下りて親父のところにマイタケを納め、それから関の家で酒盛りになった。考えてみたら私ははじめてのときと山小屋以外、ひとりで関を訪ね、泊めてもらった上に大酒を呑んでばかりいた。それは私の甘えといっていいかもしれない。

酒の勢いを借りて、嫁さんは欲しくないのか、と不躾《ぶしつけ》な質問をした私に、本当にこの暮らしが好きになってくれるひとならいいが、無理に欲しいとも思わない、と関は呟いた。

たったひとりの山の暮らしである。怪我をしても病気になっても、自分ひとりで解決しなくてはならず、このまま無事に過ごせる保証などどこにもない。護るべきものを持ち、そのことに縛られる私たちと、その日暮らしの関のどちらが幸福なのかは誰にもわからない。けれどはっきりしているのは、すべてのものから関英俊は自由である、というその一点である。

もうすぐ冬が来る。長く重い季節を、関は土間でカンジキ作りをする。地元で使われているカンジキを真似て作ったら好評で、作るそばからマタギの末裔《まつえい》たちが買っていく。その合間に関は、山が雪に閉ざされる白い世界を、猟銃を肩にして毎日のように歩く。兎を追うのだというが、それは山菜もキノコも採れない冬に山に入るための、単なる方便に過ぎない。その方便を欲しいがために狩猟の免許を取った気配さえある。それはもしかしたら、四季を通じて山に生きたいと願う関の、新しい試みのかたちなのかもしれなかった。

山に生活のすべてをゆだねて暮らした山里の民は、いつのまにか町とかかわらずには生きてゆけなくなった。町に仕事の場を求め、町からの仕事に依存するようになったからである。それまで営々と向き合った山に背を向けて、ときおり追憶をたしかめるようにしか山に入らなくなったひとびとのかたわらで、都会を離れ、ただひたむきに山に向かいこもうとする関英俊の試みは、大げさにいえば、山を切り捨てることによって突き進んできた現代文明への痛烈な批判であり、たったひとりの反乱なのである。

（取材：二〇〇〇年　初出：「渓流」二〇〇一年春号）

註1　世間を騒がせたオウム真理教のこと。
註2　キノコが生えている特定の場所。

雪解け水で淡く濁った荒川に架かる橋を越えて、
仕事に向かう。

西上州、猟ひと筋の人生

二階堂九蔵

散り残った紅葉が朝の光によみがえり、山稜を鮮やかに染めていた。その光の帯を頭上に高く仰ぎながら、まだ陽の射さない深い渓谷の底に蠢《うごめ》く人影があった。狩猟の解禁を待ちわびた男たちの群れである。

群馬県多野《たの》郡上野村《うえのむら》。多くの者は日航機の墜落した御巣鷹山《おすたかやま》を思い浮かべ、登山者なら即座に西上州と呼ぶ山やまに思い至る。村の総面積の九十パーセントを森林が占めるほど山深く、渓谷に沿ってどこまでも道が分け入って、集落が額を寄せ合うようにして点在している。峠を越えれば、そこはもう信州佐久《さく》であり、武州秩父だ。村びとの多くは林業に携わって生きてきた。渓流のいたるところで山女魚《やまめ》の俊敏な影がよぎり、四季おりおりに豊かな表情を宿す山野がある。村びとたちは四囲を取り巻く山と川に深い愛着をいだき、渾然《こんぜん》とかかわり合いながら暮らしてきたのである。

民家の軒先をイノシシが掠《かす》めていくのは、めずらしい光景ではない。背後の森には、

食事の合間といえど、
瞬時も獲物への気配りを忘れない。

クマやカモシカは無論のこと、シカやイノシシなどの大型獣が犇《ひしめ》いている。そのシカやイノシシが植林を荒らし、畑を荒らす。山の収穫物は結局のところ、ひとと獣の折半にならざるをえないが、それまでの森や畑をめぐる獣たちとの攻防の歴史を思えば、あきらめてばかりもいられない。狩猟によって山の獣を適正に保ち、ときに食糧として調達する。それが山深い上野村のひとびとの、山と過ごしてきた共存の歴史なのである。

上野村にはいくつかの狩猟集団がある。しかしそのすべてが村びとだけで構成されているわけではない。むしろ村外者のほうが多く、週末ともなると、近隣の都市部や首都圏から多くのハンターがやってきて、それぞれの集団に属して猟を行なうのである。

そのひとつに二階堂《にかいどう》グループがある。グループの総師を、二階堂九蔵《くぞう》という。この二月で八十三歳を迎えたが、いまだ矍鑠《かくしゃく》としてグループを率いる現役の猟師である。最高齢であるとともに、連続狩猟登録者として群馬県では群を抜き、もしかしたら全国でも彼を上まわる年齢の現役猟師はいないだろう。

戦前から現在にいたるまで猟ひと筋に生き、倒した獲物は数千頭におよぶ。長く村

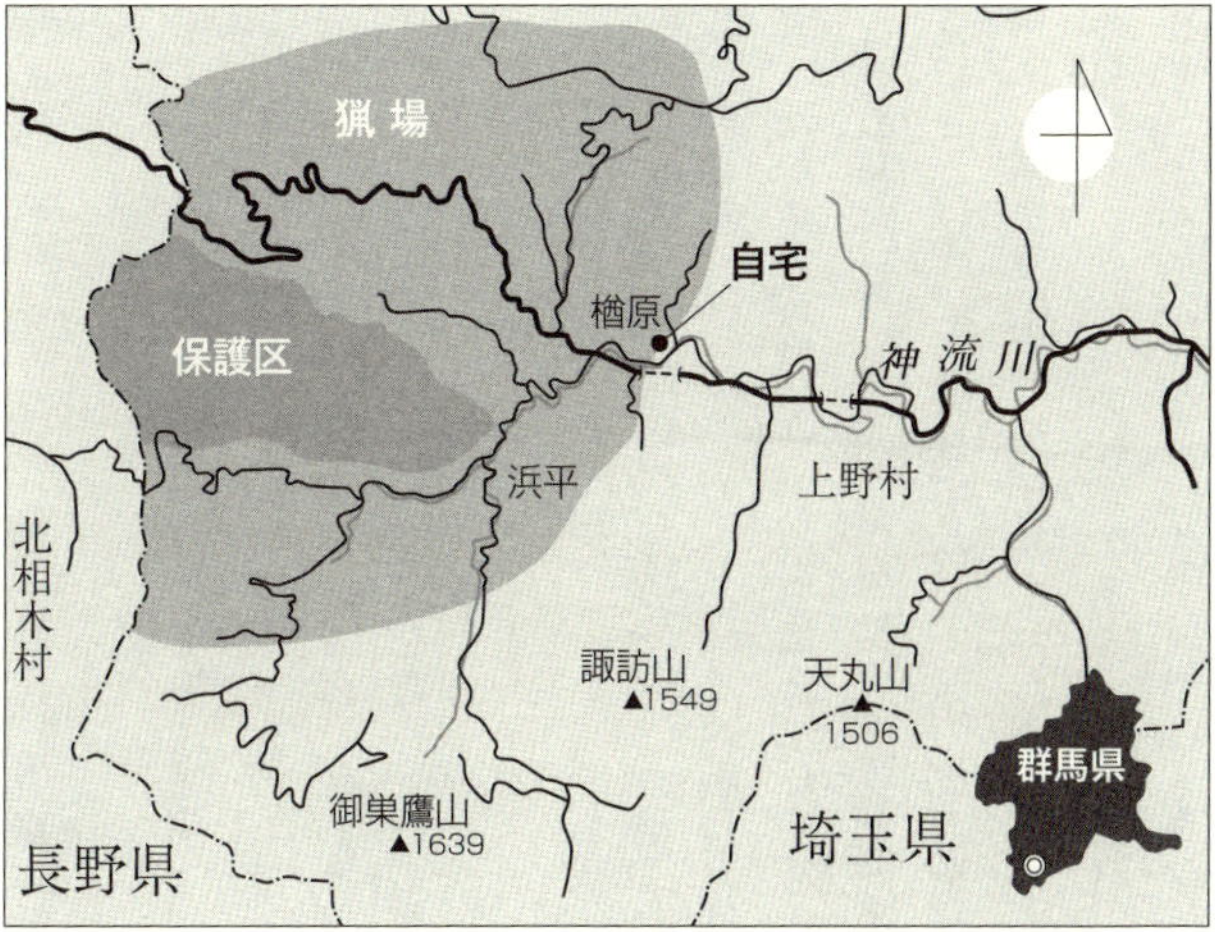
猟場
自宅
楢原
保護区
神流川
浜平
上野村
北相木村
諏訪山
▲1549
天丸山
1506
群馬県
御巣鷹山
▲1639
埼玉県
長野県

田銃を愛用したのち、ライフルに持ち替え、九蔵は銃ひとつで五男一女を育て上げてきた。

現代社会にあって、狩猟だけで生計を立てる者などもはや存在せず、狩猟はハンティングというスポーツになった。たとえそれが、害獣駆除の名のもとで行なわれる射撃だとしても、狩猟がスポーツであることに変わりはない。彼らはハンターだが、二階堂九蔵にかぎって私は彼を猟師と呼びたい。ハンターと猟師は厳然として異なるからである。

猟の朝は早い。狙う獲物はイノシシとシカである。イノシシもシカも夜行性で、夜は餌《えさ》を求めて行動し、朝になって眠る。その眠った獲物を勢子《せこ》が起こして追い上げ、要所に配置されたタツ（射手）が待ち構えて仕留めるのである。

獲物の行動の軌跡は、すべて獣径《けものみち》によって判断する。獣径をウツと呼び、ウツの見極めを見切りという。この見切りが、猟の成否を左右するほど重要になる。

猟場は、ふた尾根三尾根と沢に挟まれた山を選んで決める。その山の斜面に出入りするウツの見切りが朝一番の仕事である。見切りは、獲物が斜面に入って寝ていると判断されるまで念入りに行なわれる。出ているウツは論外で、たとえ斜面に入ったウツであっても古いものは除外される。斜面を抜けている怖れがあるからで、あくまで今朝方、ネド（寝床）に向かったウツでなければならない。

枯れ葉に残る足跡ひとつでそこまで推測するのは、経験豊富な九蔵にして至難である。だからいくつもの斜面を見て歩き、見切りを重ねてから、

「きょうはこの山をやってみべぇじゃねえかい」

となる。

ウツを見切ってからは九蔵の独壇場である。斜面のどこに獲物が寝ていて、どこで起こせば獲物がどう跳ぶか（逃げるか）を熟知しているからである。

足の強い者を勢子にしてウツを追わせ、九蔵は獲物の逃走経路を想定しながら、その要所に移動してタツを張って（配置して）いく。九蔵がもっとも遠いタツ場にいつも向かうことになるのは、山も地名も知らない街のハンターが多いからだ。タツのそれぞれに、九蔵は細かく指示をして送り出す。

「沢々《さわさわ》（沢沿い）登って壊れた橋があったら、上向いて左に杉林があらい。そんなか真っつぐ登って尾根に出ると、右にこんくれえのナラの木があるから、その根もとにいてみい。モノが見えても慌てず、近くへ寄せてよぉく矯《た》めて撃《ぶ》たなきゃ駄目だい」

タツを張り終えたことを確認してから、勢子はウツを追いはじめる。連絡はすべて

イヤホーンをセットしたトランシーバーでやりとりされる。大声で話してはならず、あくまで囁《ささや》き声である。かすかな足跡が錯綜して、イノシシを追ったつもりがシカに変わってしまうのはまだしも、ウツを見失ってしまうことがある。そんなとき、囁き声のはずのトランシーバーから九蔵の罵声《ばせい》が飛んで来る。

「イノシシが空飛ぶわけなかんべ。さっきんとこまで戻ってよおっく見てみい！」

それはまだいい。タツの不注意で、銃を構えるいとまもなく獲物を逃がしたときなど、

「この大馬鹿野郎があ、そんなことで生きもんが獲れるかぁ！　まっと身い染みなきゃ駄目だ」

である。

それだけ怒鳴られてもハンターたちが九蔵のもとを離れないのは、九蔵の飾らない人柄もさておきながら、その圧倒的な経験に裏打ちされた技に惹かれるからだ。九蔵に学ぶのが上達の早道なのである。事実、大物猟をはじめて十年になりながら、いまだに一発も鳴らした（発砲した）ことのないハンターがいるという。姿すら見ることもできないからだ。獲物の習性を知らず、見切りの方法も知らず、ただ週末に出かけてきて山に入るだけで獲物が獲れるほど、大物猟は甘くない。

五十歳や六十歳の、経験のあるハンターでさえ、九蔵から見れば洟垂《はなた》れ小僧である。彼らに早く一人前になってほしいからこそ叱るのだ、と九蔵はいう。

「そうさ。来たいもんが来りゃあいいだ。叱られるのが嫌で来なくなったって、こっちはちっとも構わねぇだから」

このあたりの九蔵の哲学は徹底している。甘やかしは決していい結果を生まないことを知っているからであり、それが安全に繋がる唯一の秘訣なのである。

獲物を倒した経験が乏しいから、つい逸《はや》ってしまうのがいまのハンターだ。逃げられると思うから焦る。焦る心が早撃ちになる。誰も外したいわけではない。本人だって仕留めたいし撃ちたいはずだ。だからその場でミスを叱ってやることが、自立と自覚を促す、と九蔵はいうのである。

猟のあいだは常に神経を研ぎ澄ませ、銃を神経の一部と化して、いつでも撃てる心構えと、見定めて一発で倒す気概を持て。それが九蔵の教えである。

用意周到な猟でも、獲れない日のほうが多い。獲物も必死なのだ。シカもイノシシも無類に頭がいい。ハンターの存在を知ると一目散に保護区に逃げこむし、彼らは会話さえするという。一度仲間を倒された場所では、逃げ道を変えたりもする。だからタツは、ことさら神経を使う。動かず、目立たず、ひたすら気配を消して獲物を待つのである。それでも獲物が猟場を抜けていればそれまでである。つまるところ大物猟は、トランシーバーを駆使した高度で緻密な情報戦だといっていい。九蔵は最奥のタツ場に立ち、頻繁に交信を重ねて勢子とタツを自在に動かしながら、獲物を追いつめていくのだが、いつでもそこに獲物が寝ているとはかぎらない。出抜けている場合のほうが多いのだ。九蔵にいわせれば、大物猟は博打《ばくち》なのである。出るときはおもしろいように出るし、出ないときはまったく出ない。そんなときは、日に二度三度と山を変える。若いハンターたちが息を切らせて登る斜面を、九蔵は杖を片手に、飄然《ひょうぜん》と歩いていささかも疲れを見せないのである。

解禁のこの日、彼らは幸先よく一頭のシカを仕留めた。

五男一女を育てた二階堂九蔵の猟は、そのほとんどが単独であった。犬を連れて、獲物が獲れるまでは十日でも二十日でも山に入りつづけた。引き割りと呼ぶ麦を砕いたものに米を一割ほど混ぜ、それを五、六升担いで山に入り、獲れたイノシシやシカの肉を半分以上入れて肉飯のようにして食べた。燃料などは持たず、切り倒した丸太の中央に火をつけておくと、ひと晩燃えたという。

犬は家族同然で、大切に扱った。いなくなれば何日でも待ち、捜し歩いた。イノシ

妻のヤマさんと自宅でくつろぐ。この家は妻とふたりで建てた。
山から離れて暮らすことなど、考えてもいない。

獣の足跡をウツという。
ウツの見切りが朝一番の大事な仕事である。

シの牙で裂かれた犬の腹を縫い合わせたこともある。はみ出て汚れた腸《はらわた》を、舌で舐《な》めて綺麗にしたというのだから半端ではない。

数頭の犬に追わせ、イノシシを獲り、シカを獲り、クマを獲った。イノシシは肉が使えたし、シカは皮が高価で売れた。米が一俵九円の時代に、シカの皮は十五円で売れたのである。クマに至っては、一頭を仕留めれば家族五人が一年暮らせたという。

六尺の板を組んで筋交《すじか》いを入れたものに獲れたシカの皮を張り、ほかの獣に獲られないように高く吊るして乾しておき、あとでまとめて背負い下ろした。生のままでは重いからだ。

そうして九蔵は、何日も山中を歩いて獣を追った。猟場へは夕方家を出て、夜に歩くのである。移動する獣の気配が闇に満ち、彼らの囁く声が聞こえる。全身を研ぎ澄ませて、九蔵は獣たちの動きを知った。

十石《じっこく》峠の旧道を越えて、佐久まで足を延ばすのはめずらしいことではなく、定宿にしている家への土産にするのだと、自宅の畑で採れたサツマイモを四十キロも背負っていったというのも、九蔵ならではの気配りである。

当時の猟期は、いまの三ヵ月ではなく半年と長かった。猟期を迎えると、遠く岩手や山形まで出かけ、何ヵ月も滞在して獲物を獲ったりしたのである。猟のない時期は林業に従事したが、それは九蔵にとって副業にすぎず、あくまで本業は猟師であった。そうして彼は、家族のために、自らのために、銃を支えに誇り高く生きたのである。

猟期に入って、私は何度か二階堂グループと行動をともにした。けれどシカやイノシシの顔さえ拝ませてはもらえなかった。毎週出かけるわけにもいかず、そういうときにかぎって獲物が獲れたと連絡が入る。猟は博打だという九蔵の声が、実感としてよみがえる。

猟の顔ぶれのなかに、いつも倅《せがれ》の角男《かくお》がいた。山麓の藤岡《ふじおか》に居を構えて土建業を営み、猟期になると仕事そっちのけで駆けつける彼には、誰もが知る逸話がある。ライフルで百五十メートル先の五十円玉を射抜くというのである。神技である。見せてもらったわけではないが、おそらくそうだろうと信じさせるだけの技の冴えが彼にはある。並みのハンターとは比較にならない天賦《てんぷ》と努力の才である。それは父から受け継いだ天稟《てんぴん》であり、父の背中を通じて得た、猟への執念がもたらしたものである。

角男の技量を、九蔵は文句なしに認める。だから角男のいるときは、猟の仕切りのいっさいを角男に任せるのである。その射撃の冴えといい、勁烈《けいれつ》な精神といい、角男は九蔵の若いころを彷彿《ほうふつ》とさせて揺るがない。

猟にかけるふたりの意気ごみが、ときに諍《いさか》いを生んでトランシーバーに流れこむ。

「……角男、そこのタツは払わなけりゃ駄目だぞ」

「……父ちゃん、ちいっと黙ってろや」

「……タツ払って沢向こうに張り直さなけりゃ、跳《と》ばれたら逃げられちまうぞ」

「……しゃべるなっていったんべ！」

「しゃべらなきゃわかんなかんべがぁ！」

一卵性双生児ともいえる両雄が並び立つのは、彼らが父と子だからにほかならない。


年が明け、西上州の山やまに待望の雪が降った。雪はすべてをあらわにする。獣たちの足跡もまた、シカやイノシシの区別はもとより、通り過ぎた群れの数や時刻までをも克明に暴いて容赦がない。猟は俄然、活気をみせる。私はじりじりとして機会を待った。

一月の末、関東一円が大雪に見舞われた翌日に、上野村から戦果が舞いこむ。二頭のイノシシを倒し、一頭は角男が頭一発で仕留め、残る一頭は九蔵が六発鳴らして五発を命中させたという。なんとも凄まじい親子である。

週末、私は上野村に向かった。猟期は二週間を残すばかりであった。その日私は、角男とふたりで勢子にまわった。ひと汗かいて尾根に乗る。タツは張り終えていた。尾根上で角男が気になるウツを見つけ、これを追って斜面を下りはじめる。私も角男の邪魔にならないよう、少し離れた上方から雪の斜面に踏みこんだ。そのとき、目前の斜面が動いた。こげ茶色の三つの塊が、ゆっくりと尾根を目指して移動していたのである。イノシシであった。距離にしておよそ三十メートル。私からはイノシシも角男も丸見えだが、角男の位置からではイノシシが見えない。私は焦った。音を立ててはならず、喋ることもできないからである。一瞬ためらってから私は口を開いた。

「角さん！　角さん！……」

振り向いた角男に、指でイノシシの存在を告げる。それからの角男の反応が早かった。その場でライフルを肩から下ろし、スコープケースを跳ね上げ、イノシシの見える位置まで走って射撃体勢に入るまで、五秒、いや三秒であったか。

厳寒の山の凍った大気を切り裂いて、射撃音が鳴り響いた。瞬時をおいて、硝煙《しょうえん》が強く匂った。銃口の向こうで一頭のイノシシが、四肢を痙攣《けいれん》させて横たわっていた。

国道二九九号線に沿った上野村楢原《ならはら》に、九蔵の営む二階堂商店がある。道の下は黒川の流れだ。この家は、妻とふたりで建てた。頼んだものは電気と畳ぐらいだという。

手先の器用な九蔵は、使うものはなんでも自分で作った。鉈《なた》はもちろんのこと、長くシカの剝製《はくせい》を作って売った。七十八歳になる妻のヤマさんは、いまだにバイクに乗って新聞配達をつづけている。年金と、店の売上げと、新聞配達で充分やっていける。誰の世話にもならず、なるつもりもない。山から離れて暮らすことなど、考えてもいないのだ。

隣の倉庫でイノシシを解体し終えた角男が九蔵を呼びに来る。肉の分配は九蔵の仕事だからだ。背中の一部しか見えず、撃ちにくかったという角男の言葉どおり、弾痕は背骨の付近から貫かれて首筋で止まっていた。

内臓は綺麗に洗われて、ヤマさんの手でモツ鍋にされ、猟のあとに振る舞われることになる。

ストーブの焚かれた倉庫の隅で分配がはじまる。肉は、いい部分もそうでない部分も、九蔵の手によって均等に人数分に分けられる。公正を期すためだ。タツも勢子も関係なく、みごとに等分化されるのである。秤《はかり》も使わずに切り揃えられた肉は、それぞれ百グラムも違わないという正確さだ。

そこには私の分も入っていて、カメラ片手に邪魔をしただけだからと固辞したが、イノシシの発見者にやらないわけにはいかないと、ついに戴《いただ》く結果になった。

若い仲間を尻目に、
先頭を切ってタツ場に向かう。

二月の末、私は誘われて二階堂グループの納会に参加した。上野村の村営ホテルの一室に、猟のときとはまったく違う表情の顔ぶれが揃っていた。なかでもひときわ穏やかな笑みを浮かべて、会場の隅に座っていたのが九蔵であった。猟のときの厳しい表情と、これほどの落差を見せるひともめずらしい。

盛り上がる仲間たちの宴会を眺めながら、九蔵は静かに杯を傾けていた。そのしみじみとした笑顔がなんとも可愛いのである。

「村田銃からライフルに替えたとき、当たらなくて困ったもんさ。なにごとも勉強だって思ったもんだが、それがどうでや、結局ライフルでいちばん生きもん獲っただからおもしろいもんだ。百メートル以上は、さすがに目が利かなくなって駄目だが、いまでも俺の五十メートル以内に入った生きもんは、生きては還さねえかんな」

ライフルに替えてもう三十年以上が経つ。いまでも九蔵は、ひとりでシーズンに二、三頭の獲物を倒すのである。

「講釈だけのマタギならいっぱいいるだが、巻き物[註1]がなくていいんならどうだい、おらのほうがよっぽどマタギさ」

古い仲間が六十五人いたという。それが昨年五人になり、いまは三人になった。そ

タツ場に張られたタツは、
いっさいの気配を消して獲物を待つ。

のうちの九蔵を除くふたりが、車椅子や寝たきりである。
「連中にさ、勢子でもやってみいっていうだい。おらはいまでも現役だぜってさ」
健康のためだとか、暇《ひま》を持て余しての猟ではない。九蔵にとって毎日が真剣勝負なのだ。猟期であろうがなかろうが、季節を越えて、彼はいつものように山に入りつづけてウツを見る。
生涯現役の猟師。それが九蔵の変わらぬ信念である。本物の猟師が絶えようとするこの国で、もはや二階堂九蔵の軌跡を超える者が現われることはない。

（取材：二〇〇〇年　初出：「渓流」二〇〇一年夏号）

註1　マタギの始祖である磐司磐三郎《ばんじばんざぶろう》が伝えたとされる狩猟の免状。「山立根本之巻《やまだちこんぽんのまき》」など流派によって各種あり。

参考文献
ウェブサイト「イノシシ」

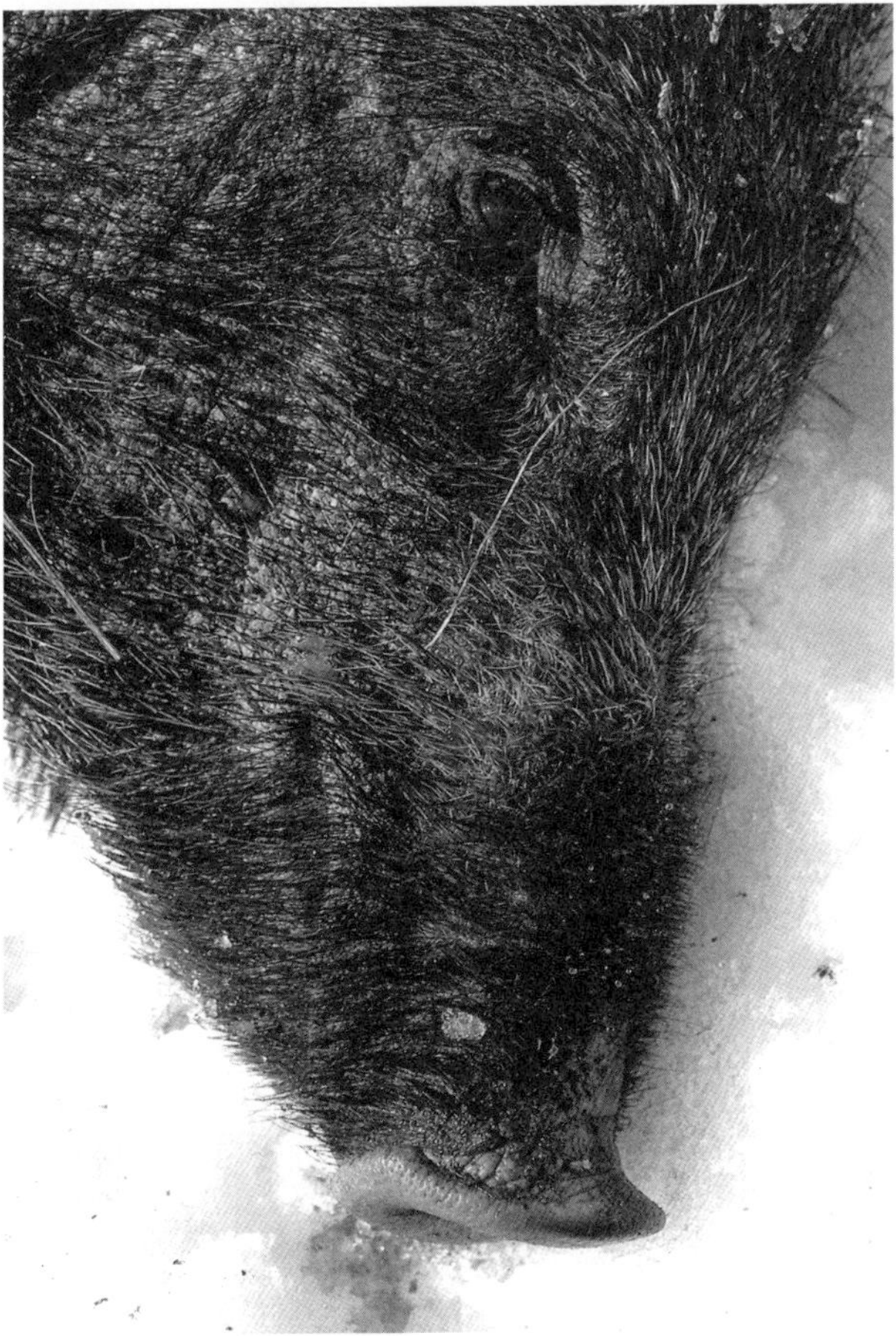

この日仕留めたイノシシの雌。
ひととケモノの、食うか食われるかの戦いの結実である。

さすらいの果てに黒部に還る

志水哲也

夜の高速道をひた走って黒部《くろべ》川の河口に着いた。エンジンを止めると、闇の向こうに波の音だけが谺《こだま》していた。八千八谷《はっせんやたに》といわれる黒部の水を集めて流れ下った旅路の果てを、海が押し返しているようにも、懐かしんで迎えているようにも思えた。黒部川と海の境目が不分明であった。

やがて朝の光が分厚い雪雲のあいだから射しこんで、黒部川をはぐくむ山稜の一角を浮かび上がらせた。山は雪に覆われて白く輝いて見えた。その淡い光の下で、町は逞しく目覚め、山の冠雪など知らぬげに動きはじめていた。風のように雲が走って山の姿を刻々と変えていき、くぐもった空の色をそのままに、夜は静かにほどかれていった。

時雨が車の窓を叩いたかと思うと、雲間を割った一条の光が、山麓に残る紅葉を鮮やかに照らした。もう冬が近いのであった。

奥多摩・大雲取谷をガイドする。
遡行は顧客とガイドで作り上げる作品である。

強い西風が海から山へと吹いていた。荒れる海を背にするように車をまわし、めまぐるしく移ろう山稜を視座に納めながら、暖かい車中でゆっくりと二冊の本を読み返した。河口に開けた扇状地の行き着く果てに、黒部の玄関口である宇奈月《うなづき》の町があった。雪雲に覆われたその町で、本の著者である志水哲也《てつや》もまた、目覚めたはずだった。彼の家を訪ねる約束の午後までには、まだかなりの時間があった。そのゆたかな時間を、私は彼が踏みしめた黒部川の河口に立ち、遙かなる黒部へ思いを馳せるために過ごしたのである。

一九八七年秋。志水哲也は二年の歳月を注いだ黒部の全谷遡行の締め括りとして、黒部川の河口から源流の一滴を結ぶ遡行を企てた。十月二十一日、親しい山仲間たちと海を背にして歩きはじめたその朝は、空と海がおぼろに霞み、冷たい雨が降っていたという。

志水にとって、新しい旅立ちともいうべき二十一歳の秋だった。それまでの二年間を、彼は黒部の谷に目標を定め、名だたる険谷を遡りつくした。一年目は宇奈月温泉に三ヵ月下宿をして下流の谷を、二年目は黒部湖畔の「ロッジくろよん」に場所を移して三ヵ月泊りこみ、ダムの周辺や上流の谷を遡った。しかも、そのほとんどが単独

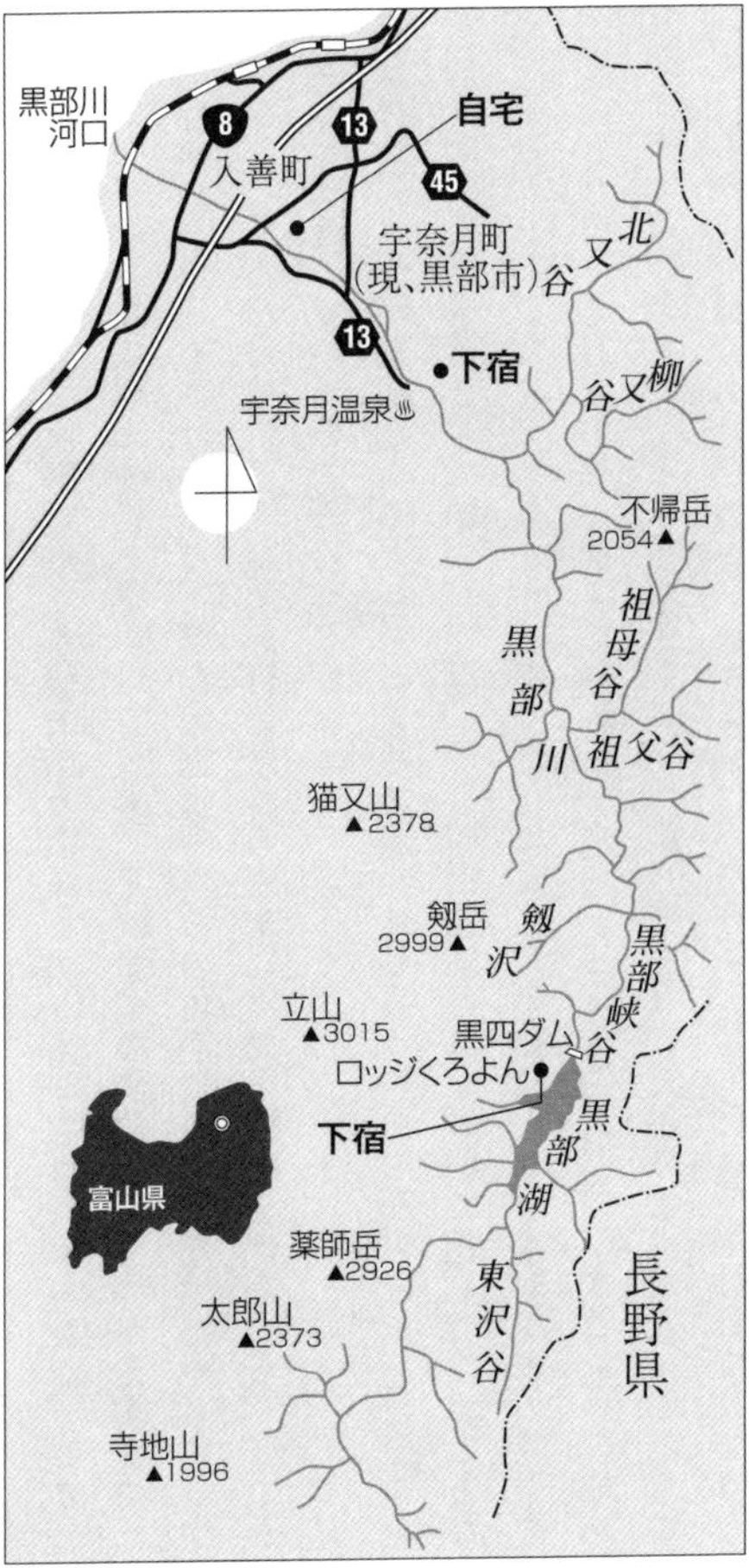

黒部川
河口
8
13
自宅
入善町
45
宇奈月町
(現、黒部市)
13
下宿
宇奈月温泉
北又谷
柳又谷
不帰岳
2054
祖母谷
黒部川
祖父谷
猫又山
2378
剱岳
2999
剱沢
黒部峡谷
立山
3015
黒四ダム
ロッジくろよん
下宿
黒部湖
富山県
薬師岳
2926
東沢谷
太郎山
2373
長野県
寺地山
1996

なのであった。

志水哲也の試みは、私も含めた遡行者たちの度肝を鮮やかに射抜いた。いや、むしろ遡行者といわず、既存の価値観に安住していた登山界を刮目《かつもく》させたといってもいい。むろんそれまでにも単独を好んで人跡未踏の山域を切り拓く遡行者はいたが、しかし彼らの軌跡は、登山界の注目を集めはしても、それまでの価値観をくつがえすまでには至らなかった。それはいまだ、既存の遡行者たちの可能性の領域だったからにほかならない。私たちは彼らの活躍を、自分たちの粗末な実力を棚に上げながら、どこかで安心して眺めていたのである。

しかし、それが黒部となると、話はまるで違ってしまう。あの膨大な水をはぐくみ、苛烈な山襞を削ぎ落として際立つ、日本でも屈指の渓谷群を単独で遡りつくすことなど、誰ひとりとして考えもしなかったのだ。よしんば単独による一本や二本の成果を生んだとして、それは周到な準備と調査の末の、たまさかの僥倖《ぎょうこう》にすぎないのであり、二十一歳の若者が、それもわずか二年の歳月で主だった谷のすべてを、しかもこの国でもっとも難度の高い滝といわれる剱沢《つるぎさわ》大滝までをも含んで遡行してしまうなどと、誰が予想しえただろうか。

志水哲也の強靭《きょうじん》な精神と、それまで試みられたことのない、現地に住みこんで山を目指すという新しい手法と果敢な行動力に裏打ちされた成果は、登山界に衝撃を走らせ、私たちは感嘆しながらも深く頭《こうべ》を垂れて、珠玉に等しい記録の数々に目を走らせたのである。

志水哲也は一躍、この国の登山界の一線に躍り出た。それは当然の帰結であった。マスコミや登山専門誌は、こぞって彼の成果を讃え、インタビューを申し出た。そのなかで彼が繰り返し語ったのが、

「ぼくは、たいしたことをやっているわけじゃないんです」であり、

「ぼくは二流ですからね。……アルピニズムの脱落者だといっていいし、臆病者なんですね」

という言葉だった。その言葉を、取材する側は謙遜《けんそん》と受け取ったが、それは明らかに過ちである。志水はただ、謙虚におのれを語っただけであった。

その後に刊行された『果てしなき山稜』で、彼は山への思いを次のように述べている。

——十六歳に始まった僕の登山は、社会や家庭への懐疑であり、反発だったような気がする。もちろん、当時はそんなことを意識している余裕などなく、ただただまっしぐらに登っていたのだが、あれは呼吸困難に陥る寸前の、現実から「脱する」こと

を目標にした非日常な空間、時間を求めてのあがきであり、逃避だったと思うのだ。だから、いつも何かにおびえていた。そして不安だった。山に没頭することで初めてそれをまぎらわし、やっと安心できた――

黒部を終えてから七年後に記された文であり、直接黒部の全谷遡行を振り返ったものではないにしても、そこには志水の山への思いが率直に語られていた。山と出会い、すべての夾雑物を排除して山に没入することによって、彼はようやく自身と向き合い、進むべき道を探ることができたのであり、山を手放すことは自身から逃げ出し、否定する行為だったに違いなかった。

不安と自信、理想と現実の交錯する狭間で、若い日の志水哲也は、自身の揺れ動く振幅を持て余していたように思う。求道《ぐどう》ではなかった、と彼はいうが、求道がおのれのあるべき道を探るための思想と解するなら、志水のたどった足跡は、すぐれて求道的な行為といっていいのである。

やがて雨が本降りになり、暗くなる前にと、私は宇奈月温泉に向かった。うかつにも、志水の新居が宇奈月温泉にあるものだとばかり思いこんでいたからだった。季節を終えた平日の温泉街は閑散としていた。意外にも黒部峡谷鉄道がまだ運行しており、売店の売り子たちが暇を持て余して、そぼ降る雨を眺めていた。トロッコ電車がまだ動いているのなら、志水が黒部の谷に向かうときの唯一の足として用いた玩具《がんぐ》に等しいその電車に私も乗って、期待と不安に揺れた彼の心情に寄り添うように、新雪に覆われた晩秋の黒部峡谷を見たいと思った。志水が魚津の登山家、佐伯邦夫に紹介されて下宿に借りた「安念」というおでん屋を探してみたかったし、そこで彼と酒を酌み交わしてもみたかった。そんな私の希《ねが》いを、氷雨《ひさめ》が拭い去っていった。

志水が好きだという、宇奈月スキー場の上にある平和観音像の広場に立った。そこは私にとっても懐かしい場所だった。黒部川の左岸に連なる、剱岳の北方稜線をたどった春の日を思い起こした。残雪の山と新緑の光に満ちていたその地には、重く垂れこめた雪雲と、山肌の色褪せた紅葉が望まれるばかりであった。ときおり雲の切れ間から、はっとするほど白い新雪が見え、はるかな眼下に、原始に還った黒部川の流れがあった。

昭和四十年の暮れに横浜で生まれ育った志水哲也は、高校二年の春に屋久島に登り、登山の魅力にとりつかれてしまう。その三ヵ月後には南アルプスの全山縦走をやり、翌年の高校三年の夏に、四十二日をかけた北アルプスの全山縦走をなし遂げる。そのころの回想を、彼は自著のなかで次のように述べている。

――山を始める以前の僕は、ひよわで意志薄弱だった。将来に対する希望は全くなく、勉強にしても、遊びにしても、すべからず中途半端で、日々を惰性で過ごしていた。……無駄な日々の繰り返し、自分が生きているのも無駄。そんな無意味な人生をごまかそうと、夜遊びや賭けごとなどの快楽に溺れてみようとしたが、ただむなしさが残った。……そんなとき、僕は山と出会った――(『大いなる山　大いなる谷』から)

さまざまな障壁《しょうへき》を乗り越えて、北アルプスの二百五十キロにおよぶ山稜を歩き続け、彼は日本海に降り立った。苦難の旅は、志水哲也に充足と充実と、意志を貫く素晴らしさと達成の歓びを教えた。もう山から離れることなど考えられなかった。

頑強に登山に反対する父親との葛藤の末に、彼は山一辺倒の生活をはじめた。ゲレンデに通って岩登りの技術を磨いたのは、黒部に目標を定めたからにほかならない。丹沢に踏みこんだ彼は沢登りに魅了され、すでに丹沢の主だった谷を遡りつくしていた。南アルプス山麓の井川《いかわ》本村に下宿をして、九十七日間で大井川の二十八本の沢を遡行することによって、彼は自らが編み出した、現地に住んで目標の谷を掌中にする手法の優位性を確信するに至る。そして、それはそのまま、黒部に向かうための揺るぎない原動力になり得たはずであった。

しかし、志水哲也の山は沢登りだけにとどまらなかった。黒部二年目の春、彼は谷

丹沢、モミソ沢の岩場でクライミングの講習。
晴れた空の下で、志水哲也が躍動する。

川岳の一ノ倉沢にある衝立岩《ついたていわ》の単独登攀を勝ち取る。数百名におよぶ死者をもたらした、陰鬱な垂直の岩壁である。

黒部を終えて二年後の一九八九年夏、ヨーロッパアルプスのドリュ南西岩稜の単独登攀。その冬の南アルプス全山縦走。翌年二月からの冬季知床《しれとこ》半島全山縦走。春の北海道の日高《ひだか》山脈全山縦走と、堰を切ったように彼は、たったひとりで登り続けた。

道半ばでいったん下山した知床半島で、弱気になった志水に中止を勧めるユースホステルのチーフの言葉に発奮した彼は、こう記す。

――いや、もう一度やるしかない。もう一度やらねば僕に生きる道はない。このまま無傷でおめおめと帰れるか。

いますぐ知床連山に再挑戦しないかぎり、どこへ行っても敗北感に苦しむだろう。僕は明日、再び入山する決意を固めた。もう逃げるものか――

（『大いなる山　大いなる谷』から）

凄まじいばかりの執念である。これを求道といわずして、なんといおう。

一九九三年十二月から翌年五月の末にかけて、志水は北海道を縦に貫く分水嶺をたどった。あえて厳寒の日高連峰を起点にして、襟裳《えりも》岬から宗谷岬までの六五〇キロにおよぶ雪稜をたどったのである。それはすでに妻、一恵《かずえ》を得ていた彼にとって、なん

ガイドを終えて下山にかかる。
みな満ち足りた表情で話が弾む。丹沢の秋の午後である。

としても越えねばならない、たったひとりの旅路であった。

里程標《りていひょう》ともいうべき大きな単独行を重ねるたびに、志水の才能は確実に開花し、研ぎ澄まされていった。けれどそれはまた、不安と自信に揺れた振幅の鎮まりをも意味していた。経験に裏打ちされた技術が自信をもたらすほど、山は新鮮味と目標を失っていく。それは宿命の果実なのである。限界を求めて走り続けた者にとって、次なる目標が常に眼前に横たわっているとはかぎらなかった。

一九九六年元旦、長男の稜太郎が生まれ、その年の四月に志水は山岳ガイドをはじめることになる。三十歳を転機とし、進むべき方路を模索してきた志水にとって、山に生きる道を選んだのもまた、当然の帰結であったろう。ガイドとして、埼玉の自宅と黒部の往復を重ねた彼は、翌一九九七年六月、妻子とともに第二の故郷ともいうべき宇奈月に移り住む。谷の解明だけではなく、長い歴史とともにある黒部を、広く、深く探るために、腰を据えて日常的に黒部に向き合おうとしたのである。もはや黒部は、彼の血肉に等しいのであった。

黒部の険谷の解明を終え、氷雨の降る河口を発った日から十年目の春に、志水哲也は、いざなわれるようにして、ふたたび黒部に還った。

扇状地の山際に近い住宅地にある志水の自宅の玄関を叩いたのは、闇の降りた夕刻であった。宇奈月の町営住宅で数年暮した彼は、念願の新居をこの地に建てた。山小屋を思わせる佇まいと、志水の部屋に積まれた山の本と山道具が、山を仕事に持つ男の匂いを漂わせていた。妻の一恵さんと、五歳になる稜太郎と、一歳の渓太郎が、温かく私を迎えてくれた。

志水は自ら台所に立って包丁を握り、鮭を捌《さば》いてチャンチャン焼きを作った。どこにでもある、幸福そうな家庭のひと齣《こま》である。ああ、ここは志水の城なのだと、ことさら思う。彼にとって護るべき、かけがえのない絆なのだ。

「このひとは変に怖がりで、私たちが里帰りでいなくなったりすると、ひとりで寝室で眠れなくて、布団を自分の部屋に持ちこんで閉じこもってしまうんですよ」

と一恵さんが可笑しそうに教えてくれた。たったひとりの山の夜を、数え切れないほど過ごしているくせに、家族の前では子供のような一面をも見せるのである。

志水は平日を宇奈月で過ごし、週末にガイドに出る。多くの客が週末を利用するから当然なのだが、逆転したサラリーマンの出勤をさえ思わせる。それほど彼は毎週のように仕事を入れる。正月も盆も、おそらくあるまい。そのバイタリティーに、いまさらのように驚く。彼の年間の山行数は百日を優に超えるだろう。黒部にとどまらず、北アルプス全域を中心に、奥秩父、丹沢、谷川岳と、活動の領域はまことに広い。

彼の顧客の多くはリピーターと呼ばれる固定客である。志水のこれまでの実績と、信頼すべき技術に惹かれてのことに違いないが、彼らが繰り返し、志水のガイドプランに加わるのは、客を楽しませ、自らも楽しもうという、志水の姿勢によるものである。

——僕はお客さんを頂上に引っ張り上げるためにガイドをしているのではない。何とかして、ささやかでも山のよさを伝えたいと思うのだ。山に感動を求めなくなったガイドは、どんなに技術的には優秀でも、ほんとうの山のよさを伝えられるとは思えない。

ガイドとしてのためだけではないが、自分自身がささやかでも夢を持っていなければ、と思う——（『黒部へ』より）

自分ひとりの生還のために立ち向かう山ではなく、今度は客を楽しませ、安全に下ろすことを命題にする山である。いく多の死の淵を潜り抜けた志水にとって、ことさら難しい技ではあるまいが、また異なった技量を求められたはずである。その質的転換を、志水は鮮やかにやってのけた。

テレビの仕事も多く、ときに企画を任されることもあるという。数冊の本を出し、

冬ごもりのための薪運びに精を出す。
山はもう初冬の佇まいであった。

地元では彼を知らない者などいないほどの知名度もつき、エッセイの依頼も数多い。そして写真である。彼はこの春、初の写真集を出す予定なのだ。

彼の部屋に移って酒が進み、朦朧《もうろう》としはじめたころ、彼はやおら、一枚の写真を私の前に差し出した。

「この一枚が、ぼくの写真の原点であり、すべてです。この写真で、ぼくは写真家としてやっていけると思った」

光と影の躍動する滝の写真であった。ろくな写真も撮れず、自分の写真のよし悪しもわからない私は一瞬、言葉を失って黙した。しかしそれは、写真の出来もさることながら、黒部の写真を撮り続けることによって自らを表現していこうとする志水が、はじめて写真を介して黒部と一体になった瞬間がこの一枚なのだ、と私には聞こえた。

志水哲也の前途は、順風満帆《じゅんぷうまんぱん》のように見える。それは才能に裏打ちされた努力の賜物である。しかし、とも思う。いつか彼は私に「ぼくは躁鬱《そううつ》が激しいんですよ」と呟いたことがある。そのとき私は、志水の内に秘められた屈折を見たように思った。山に対するときとはまた別の、不安と自信の狭間に揺れる小さな振幅のようなもの。酔いに紛《まぎ》れて、私は志水の内に潜む屈折を聞き出そうと試みたが、それはついに叶わ

奥さんの一恵さんと次男の渓太郎くん。
もうすっかり宇奈月の地に溶けこんでいる。

なかった。

「高桑さんが思うように書いてもらっていいですよ」

そう呟くばかりであった。こんなことを書くと、一恵さんから二度と志水家の門を跨《また》がせてもらえなくなるかもしれないが、あえて書く。気紛れで、冷徹でいながら、ときにあまやかな、麻薬のような世界を見せる山から、その狂おしいまでのすべてを自分のものにしてきた単独行という山の誘惑から、ほんとうに志水哲也は逃れられたのだろうか、と。

もう何人も山で仲間を失った山の大先輩と呑んだとき、その先輩は酔いに任せて自嘲気味に呟いた。

「俺たちが生き残っているのはさあ、純粋じゃないからだよ」

私もまた、純粋ではありえなかったひとりである。しかし、それでいいのだ。私たちはもう、振り返らずにいまを生きていくしかない。


翌日、私たちは志水の家のストーブで使う薪運びで半日遊んだ。製材所の片隅から片隅に移動するだけの単純作業だったが、無邪気に楽しいひとときであった。山は変わらず、雲に覆われていた。足もとを渓太郎が飛びまわり、一恵さんの顔がひときわ輝いていた。山を見据えて生きようとする家族の日常があった。そこに私は、志水哲也の安らぎと影を見ていた。

（取材：二〇〇一年　初出：「渓流」二〇〇二年春号）

参考文献
『大いなる山　大いなる谷』（志水哲也　白山書房）
『果てしなき山稜』（志水哲也　同前）
『黒部へ』（志水哲也　同前）

秩父の天然氷に魅せられた半生

阿左美哲男

暑い夏の日だった。さすがに峠を越えるときは涼しさを覚えたが、それも一瞬のことで、私は暑熱のただよう秩父盆地を見下ろしながら車を走らせた。

目指す店は大勢のひとで賑わっていた。店といっても民家の庭先で、露地を入ると、古い懐かしい時代にタイムスリップしたかのようであった。縁側に続く庭にいくつかの低いテーブルが置かれ、客たちが思い思いにくつろいでいた。奥で忙しそうにカキ氷を作っている男性がいた。それが天然氷蔵元《くらもと》の主、阿左美哲男《あさみてつお》であった。

幼いころ、海を見下ろす山の中腹に小学校があり、その裏手に氷室《ひむろ》があった。サーカスのテントにも似た藁《わら》葺《ぶ》きの氷室は夏でもひんやりと冷たくて、底には籾《もみ》やおが屑に覆われた氷があった。あれはたしかに天然の氷だった。気が向くと、ひとのいないのを見計らって氷室の探検をした。それは未知なるものへの興味と憧れがないまぜになった幼い日の体験であった。

天然氷蔵元は、年中無休で天然氷を楽しむことができる。
素朴な店の露地に、懐かしい時代の風景と匂いが通りすぎていく。

長ずるにつれて、氷室はいつしか私のまわりから姿を消していった。街なかの氷屋が氷室を名乗っていても、それは私の知る氷室ではなかった。まして天然氷など、もはや滅んだものだとばかり思いこんでいた。それがいまだ秩父に現存しており、しかも食べさせてくれるらしいと知ったときの驚きと嬉しさは、ただ事ではなかった。話を聞くことよりもなによりも、まずは飛んでいって、この目と舌で味わうことが先決であった。

それは極上の味であった。しっとりと舌の上で甘味を拡散させ、淡く儚《はかな》く消えていくのだが、その氷にはシロップに負けないしっかりとした主張があった。誤解を怖れずにいえば、それは天然氷の雑味のうまさである。長い歳月をかけて地底に眠り、さまざまな鉱物に濾過されて地上に生まれ出た、天然氷ならではの雑味がもたらす味わいである。

人工の氷が冷蔵庫で冷やしたスイカだとすれば、天然氷は井戸で冷やしたスイカの味に等しい。冷たければいいというものではない。まろやかさが決定的に違うのである。それは天然氷だけが持つ温もりの味といってよかった。

テーブルに置かれた小さな置物とガラスの飾り。さりげなく庭の周囲に散らせた鉄

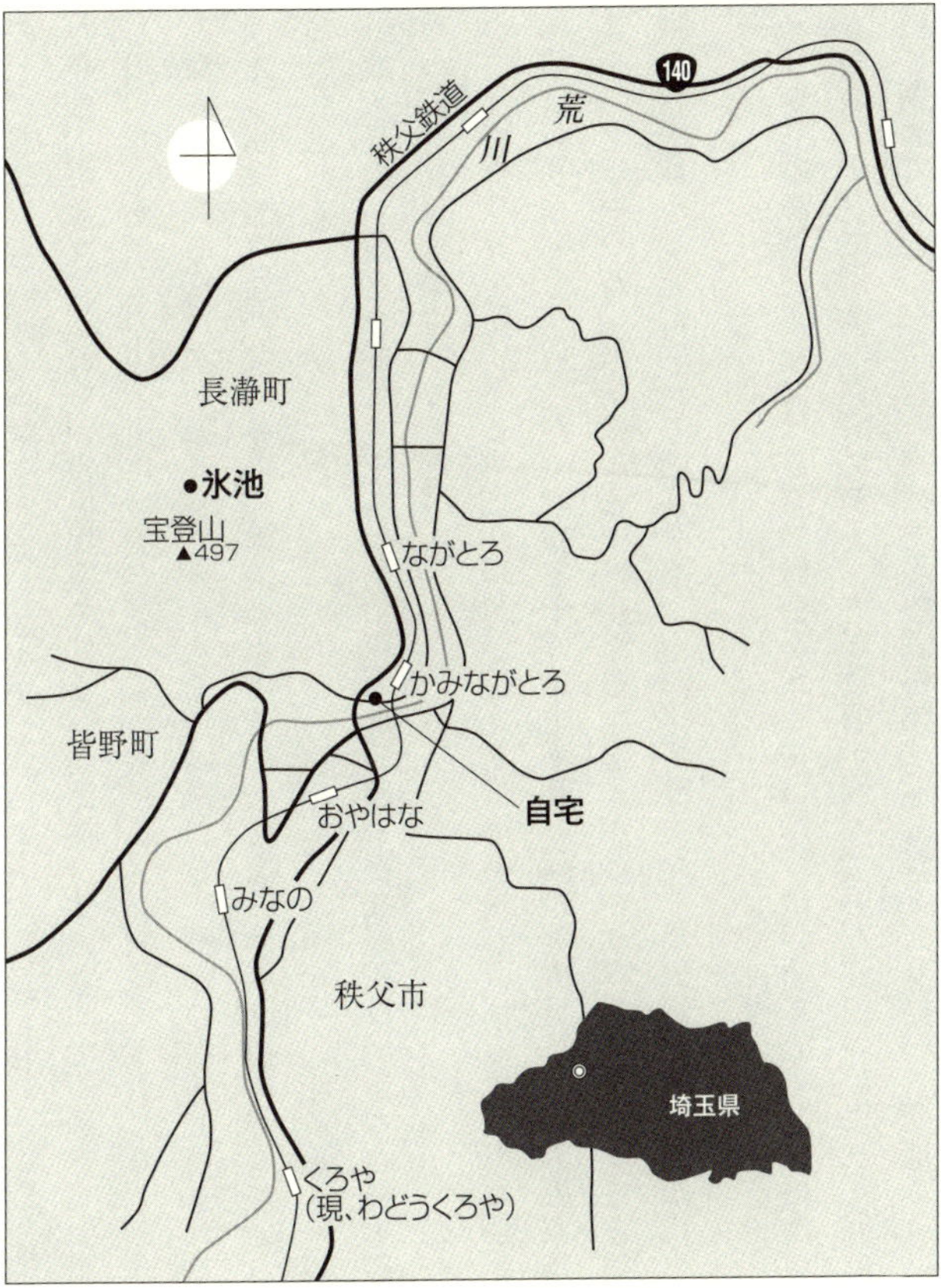

140
秩父鉄道
荒
川
長瀞町
氷池
宝登山
▲497
ながとろ
かみながとろ
皆野町
自宅
おやはな
みなの
秩父市
埼玉県
くろや
（現、わどうくろや）

のオブジェ。古い昔の冷蔵庫。涼しさを呼ぶ井戸水のほとばしり。縁側の簾《すだれ》に飾った蔓細工《つるざいく》の数々。それらが古い民家の佇まいと渾然一体になって、懐かしい風景を醸し出していた。この店の主には美が見えている。私は素直にそう信じた。

夏の光の降る庭に腰を下ろしてカキ氷を食べながら、厳寒の山峡《やまかい》で育まれる氷を思った。私は凛冽《りんれつ》な秩父の冬の、季節の恵みそのものを味わう幸福に浸っていた。

数ヵ月後、ふたたび蔵元を訪ねた。風のない穏やかな庭先に、雑木の梢を透過したやわらかな陽光が注いでいた。

「二足のワラジを履いてる。こう暖冬が続くと、毎年氷が取れる保証もないしねえ」

彼はいきなりそういった。昭和二十五年生まれの阿左美哲男は、大手の家具店で営業を二十年やった。氷屋になるつもりなどなかったという。それが十年ほど前に父が倒れ、やむなく家に戻って創業明治二十四年の歴史を持つ天然氷蔵元の四代目を継いだ。

しかし破滅型だった父は多くの借金を残していた。はじめての年はいい氷が取れたものの、すべて借金の返済に消え、まだ負債が残っていた。追いこまれた彼は、家具屋に勤めるかたわらに習い覚えた木版画を彫り、それを売り捌いて窮地を凌《しの》いだ。プロとして立っていなかったとはいえ、三年連続で県展に入選し、うち二回は特選をとるほどの腕前であった。

「人間、追いつめられるとなんでもやるね。ハングリーでなきゃあ駄目だよ。友だちや知ってるひとに電話しまくって、買ってくれって頼んだもの」

この経験が、版画で食っていけるかもしれないという自信を彼に与えた。しかしそれが、氷造りのかたわら版画を彫り、抽象から具象に移っていきながら、そのまま売れていくことに繋がらないのが商売の難しさである。

そんなおり、戯れに氷の上に絵の具を流し、画用紙に写しとってみたらおもしろい絵ができた。これが店に氷を食べに来る客の評判を呼んだ。人生、なにが幸いするかわからないのである。この絵を彼は「氷画《ひょうが》」と名づけた。阿左美哲男が切り拓く、たったひとりの世界である。

「絵の評判だけがひとり歩きして、技術があとを追ってる状態が辛いところだね」

と他人事《ひとごと》のように彼は語る。

水墨画のように見える氷画は見た目ほど単純ではない。最低でも五、六工程。多ければ十二、十三工程の、さまざまな技法を駆使してはじめてできる作品である。氷画の芸術性を誰よりも信じながら、しかし彼は氷画を美術品としてではなく、インテリアとして飾ってもらえればそれでいいという。

店の入り口に「阿左美哲男・氷画工房」の看板がある。生まれ育った家の二階を、氷画の画廊として開放しているのである。カキ氷を食べ終わった客が二階に上がって氷画を眺め、気に入って買い求める。そうした動的方向性には、おそらく阿左美哲男の計算がある。古い民家と瀟洒《しょうしゃ》な庭、そして二階に展示された氷画という美的空間に通底するのは、氷というモチーフであり、阿左美哲男の審美眼に違いなかった。

二階にいざなわれ、氷画のいくつかを見せてもらった。それは不思議な空間であった。額のなかの世界は、ときに雪原であり、夕景であり、雲の流れであった。具象を思わせる抽象である。そこに深い意図があったにせよ、観る者の心象風景に応じて、どのようにも読み取れる構図なのである。

「これ、逆さまのほうがいいんじゃない？　なんていうひともいる。まあ、観るひとの勝手だから」と阿左美は苦笑する。

彼の氷画を求めるひとたちは一様に、観ていて気持ちが安らぐという。それは私にもよくわかった。彼の氷画は主張をするのではなく、観る者を引き寄せながら、そのひとの心象風景と一体になって独自の世界を生み出すのである。インテリアでいい、と語る阿左美は、そうした氷画の有用性を知り尽くしていた。

氷池は、秩父長瀞の宝登山北面にある。
冬のあいだ、陽の射さない厳寒の谷間で、天然氷は日一日と育まれていく。

氷が厚くならないと上に乗ることができず、
池の縁から箒を使ってゴミを取り除く。

大手デパートの肝煎りで何度か個展を開き、安定した収入を得るようになった阿左美だが、彼にとって氷画はあくまで副業である。だが、そうはいいつつも、暖冬で氷ができなければ一銭にもならず、生計が成り立たないという、身も凍るほどの恐怖に苛まれてきた阿左美哲男にとって、最悪の事態を回避し得る氷画の存在は、どれほど彼の支えになっているか計りしれないのである。

街が秩父夜祭で賑わう十二月初旬の昼下がり。彼は氷池にいた。陽はまったく射さず、空気が凍てついていた。硬く澄んだ冬の陽を浴びて、山肌に散り残った紅葉が鮮やかだった。氷池を取り巻くコンクリートの縁をたどりながら、彼は七、八メートルの長い竹の箒《ほうき》で池の面を掃いていた。まだ氷は三、四センチの厚みにしかならず、体重を支えきれないからだった。

風が谷間を吹き抜けるたびに木の葉が舞って池に落ちた。上下二面ある氷池をめぐって掃き続ける彼をあざ笑うかのように、次から次へと舞い落ちるのであった。さぞかしあの箒での作業はこたえるだろう、と思ったとき、

「これが結構疲れるんさ、夕方まで休みなしだから。氷がもうちょっと厚くなれば上に乗れるから楽になるんだけど」

神経戦にも等しい作業を続けながら、悟りきったようにして彼は呟く。

順調にいけば一日一センチずつ厚くして、厚さ十五センチになったときが切り出す目安になる。それ以下では薄すぎ、それ以上厚くなると鋸の刃が届かなくなってしまうのだ。

毎朝六時に来て池の端の氷を割って掻き出す。池が全面結氷すると膨張する氷の圧力で壊れるからだ。その必然の作業が、さらなる労力を呼ぶ。氷は上にではなく、池の下方に厚みを増していく。舞い落ちる木《こ》の葉《は》を放っておくと氷を割った端の水面から潜りこみ、氷に付着してしまうのだ。天然氷だから木の葉が混じる、という言い訳は通らない。氷は透明感が命である。といって、なにかで池を覆ってしまうと今度は凍らなくなる。結果、風の吹く午後はほとんど池の掃除に費やされる。その繰り返しである。それが氷を造りはじめてからの阿左美哲男の日課である。

氷造りは毎日が格闘だ、と彼はいう。いったん氷を造りはじめてしまったら、なにがあろうと日課から逃れることはできないからである。

掃除と氷の掻き出しさえしていれば、氷ができるというものではない。これがまた苦闘の連続なのだ。寒暖の差に応じて厚くもなれば薄くもなる。曇って気温が上がればば表面がザクザクになって氷のなかにゴミが入るが、それから掃除をしたのではもう遅く、氷の緩む時間に合わせて取り除かないとゴマ塩の氷ができ上がる。気温が下がれば下がったで氷は厚くなるが、池に水を引く沢の取水口が凍ってしまう。流水のままにしておかないと氷が白く濁って商品にならないのである。

加えて天候の変化がある。雨はまだいいが、大敵は雪である。四、五人で、降り続く雪をひと晩中掃き続けたこともあるという。ある年などは切り出し間際の一月中旬に大雪が降り、すべての氷を捨てて、はじめから水を張りなおして急場を凌いだこともある。それでも凍らないよりはまだいい。収穫までの一ヵ月を、天気予報を睨《にら》みながら阿左美哲男は氷の池に通い続ける。氷は造るのではなく育てるものだということを、私はこの取材で思い知らされたのだった。

阿左美哲男の製氷池は秩父長瀞《ながとろ》の山中にある。その場所の詳細をここに記すわけにはいかない。池の前には「立ち入り禁止」「石を投げるな」の看板が立てかけてある。「どうもこの国のやつらは、駄目だっていうほど入りたくなるらしい。石を投げるなって書けば書くほど石が飛んで来る。だから上の取水口には注連縄《しめなわ》を飾ってみたんですよ」

神の霊験《れいげん》はあらたからしく、その場所だけは荒らされない。

掃いても掃いても、山から木の葉が舞い落ちる。
果てしない神経戦である。

今年の収穫。分厚い氷が氷室に収まった。
透き通った良質の、青白い氷だった。

孫のために池の上流の沢にウグイを放流したがまずかっただろうか、という爺さん。ハイキングコースから堂々と侵入してくる中高年のハイカー。ちょっとぐらいならいいだろうと掻き出した氷を盗みに来る地元の連中。阿左美哲男の神経は休まることがない。

保健所とは犬猿の仲である。水質検査を四十五項目にわたって受けさせられ、そのすべてから雑菌が検出されずにクリアーした上質の水を、この国の山河に雑菌の存在しない沢はない、と再検査を余儀なくされたという。数値をもとにした高圧的な指導がすべてではあるまい、と阿左美は思う。

保健所の指導に従ってトイレを設置し、喫茶店の営業許可も取ったが、それならなんでトイレを持たない屋台のカキ氷屋は営業しているのか、と問いただしたら、

——保健所が許可を出すことは有り得ないから、屋台のカキ氷屋など存在するはずがない——

担当者は平然とそう答えたという。

ある年に雑菌が出たと指摘されて調べたら、沢の上部で行なわれていた伐採が原因であった。森と水の因果関係は歴然としている。天然氷は、いまでは全国でも秩父と日光で造られているだけの希少な産業である。地球の温暖化と合わせて、氷を造るた

役目を終えた氷池が、光のオブジェの会場に姿を変える。
緊張から解き放たれた眼差しが、かぎりなくやさしい。

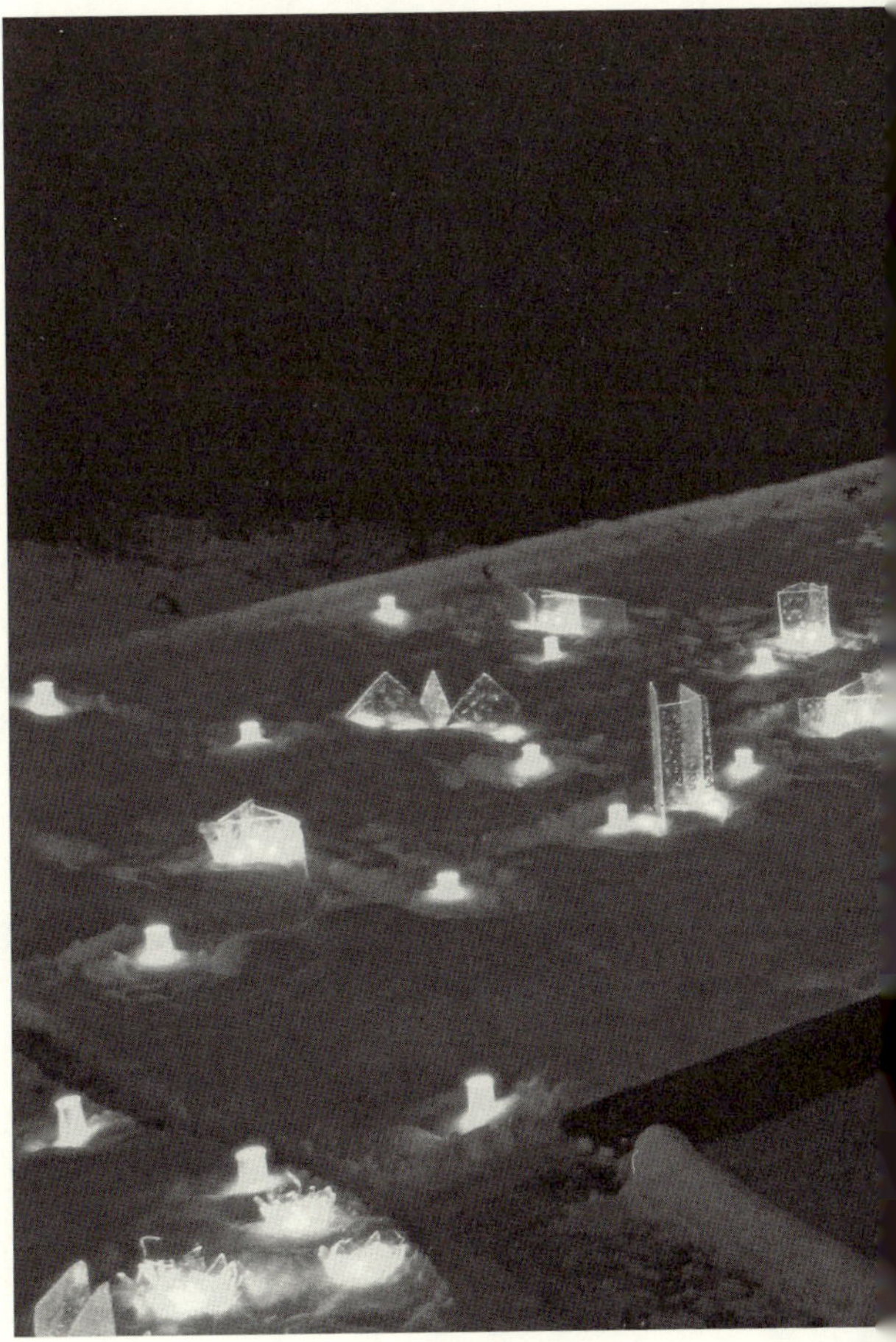

新雪が降るのを待ちわびて、氷池で氷のオブジェを楽しむようになった。親しい者しか招かないささやかなイベントは、心豊かな収穫祭である。

めの寒冷で陽の射さない立地条件に恵まれた場所が残されていないのだ。天然氷を取り巻く環境は年を経るごとに悪化して救いがない。山に生きる糧《かて》を求めるひとびとには、もはや滅びの道しか残されていないのだろうか。

「寒気が来て、奥秩父の山に雪が降らないと氷が厚くなんないんだ」

そういいながら阿左美哲男は、祈るような眼差《まなざ》しで山を見上げた。

年に一度の氷の切り出しは、正月三日から五日にかけて行なわれた。年末の寒波で、すでに氷は十七センチの厚さに達していた。前日を含めて連続した低温と好天が切り出しの必須条件である。前日、五十センチ×七十センチの筋を氷の上に引いておき、翌早朝から一気呵成《いっきかせい》に切り出しにかかる。専属のスタッフ五名で、切り出しからトラックへの積み上げと運搬、そして自宅の氷室への運びいれと、休む暇《ひま》のない作業の繰り返しである。いまでこそ電動の鋸で氷を切り出すが、昔は大勢で何日もかけて手製の鋸で挽《ひ》いたのである。同じ姿勢で立ったまま、一直線に鋸を挽く作業をこなせる者はもういないという。

総収穫量四十トン、ワンブロック五十キロの氷の板が上下二面の氷池で、およそ八百枚取れる。これが阿左美哲男の一年の生活を支えることになる。

蔵元の二階にある、氷画工房の一角。
やさしい風が吹き抜けていく。

蔵元の板壁に飾られた名もなきオブジェ。
野と里の暮らしの痕跡が、やさしい影を落とす。

五日の午前ですべての作業を終えた阿左美の顔に、ようやく安堵《あんど》の色が広がっていた。と書きながら、その現場に私がいたわけではない。切り出し予定日の連絡を、私は郷里の秋田で聞いた。年末年始の寒波で東北は大雪であった。ひとりで運転して秩父に向かうつもりでいたが、さまざまな事情も重なって次回に賭けた。前年の氷は好評で九月には在庫が切れてしまい、今年はもう一度氷を取る予定だと聞かされていたからだった。

しかし二回目の氷造りは行なわれなかった。十五センチで切り出すはずの氷の厚さが十七センチになってしまったからで、結果としてそれは六十枚の増収を意味した。それを知ったとき、私は愕然《がくぜん》としながら自身の無神経さを呪った。何度予定があろうとも、チャンスはただ一度しかないことを知っていながらの不手際だったからである。

一月中旬に蔵元を訪れた私に、阿左美哲男は憑《つ》き物の落ちたような笑顔をみせた。氷室には透き通った青い氷が詰まっていた。その初物の氷で、彼は梅酒のカキ氷を作ってくれた。夏とは違う味のハーモニーがそこにあった。蔵元には年間を通じて客が訪れる。夏には荒く氷を掻き、冬は雪のような細かい氷にと、季節に応じて刃先を調節する。

天然のかき氷は蔵元の主力商品だ。
夏は荒く、冬は細かく氷を削る。その味わいは、天然氷ならではのものだ。

夏の暑い日など、多いときで千人もの客で賑わう。冷蔵庫の氷は上下左右から凍らすが、天然氷は一定の方向からゆっくりと凍るために氷の結晶が大きくなり、硬くて溶けにくく、水っぽくならないという。

メニューには定価が書かれていない。それはここが店の小売ではなく、蔵元だという阿左美のこだわりからである。ただ氷を売ればいいのではない。自らが楽しみ、客をもてなして送り出したい。それにはほんの少しの心遣いがあればいい。

テーブルには漬物や梅干が供され、ときに氷の塊をグラスに見立ててウイスキーを注ぎ、サービスをしたりもする。そうしたもてなしが蔵元のイメージを醸し出すなら、定価は結果としてついてくる。

「忙しいほど危機感はあるね。これでいいと思っちゃ駄目だ。梅酒はいつも自分で漬けるけど、品切れで市販品を出したら一発でお客にばれちゃったもの」

一部のスーパーや呑み屋にも卸すが、あくまで主体は蔵元のカキ氷である。薄利多売ではなく天然という付加価値によって仕事をしたい、と阿左美はいう。数少ない本物が、ますます価値を増す時代である。

この数年、阿左美には密かに楽しんでいる遊びがある。収穫を終えた氷池で、勝手

気軽にお客と語らう阿佐美哲男。
ときに梅酒やジュースのサービスをしたりもする。

気ままな氷の芸術を造っているのである。

夏の草取りにはじまって水漏れした池の補修をし、それから丸一日かけて満水にして、水垢を取る作業を七、八回も繰り返す。切り出しが終わっても氷は厚みを増し、気温の緩む三月まで毎朝池に行って氷を掻き出す作業は欠かせない。そうした長く孤独な戦いへの慰労を、彼は氷の造形を楽しむことに求めたのだ。それは、たったひとりの収穫祭であった。


一月末の新雪の降った翌日、心ときめかせながら池に向かった。車止めから池までの五百メートルの雪道を雪洞《ぼんぼり》が導いていた。それは氷の祭典への心憎いばかりの序章であった。

夕暮れの余光がゆっくりと色を失い、闇に紛れていこうとする仄《ほの》白い雪の点景のなかに、蝋燭《ろうそく》の炎に照らし出された氷のオブジェが、淡く蒼く浮かびあがっていた。闇が深まるにつれて光は朱色に変化して、氷の造形を際立たせていく。それは生命の揺らぎであった。幻想の情景につつまれて、私はしばらく声がなかった。

「雪が降ると、最近わくわくしてどうしようもないよ」

満足そうに表情を緩めながら阿左美哲男は氷池から水を汲み、ウイスキーの水割りを作って私に差し出した。ひと口含むと、その芳醇な液体は、滑らかに口中に広がって喉から食道を目覚めさせ、やがてゆっくりと胃の腑に落ちていった。滅びの光にも似た蝋燭の灯が、ひときわ輝きを増したように思えた。

（取材：二〇〇一年　初出：「渓流」二〇〇二年夏号）

おわりに（単行本初版刊行時）

山に生きるひとびとの暮らしを追って十年になる。そのあいだに、加速度をつけるようにして山びとの姿が消えていった。雑誌「渓流」に連載をはじめた九十三年当時、十軒近くあった只見のゼンマイ小屋は、三年後に流域から消えてしまった。山暮らしの孤塁を護る奥会津のゼンマイ採りは、その時点で途絶えたのである。本来なら、山を去ろうとする彼ら山びとを必死になって探し求め、もっと精力的に取材を重ねるべきだったのかもしれない。しかし、山に向かうかたわら、年に二度の発行になる「渓流」誌上に掲載していくためには、それ以上の深追いはできなかった。けれど一過性ではなく、じっくりと時間をかけたことによって、山に生きるひとびとを深く掘り下げ、光と影を宿して誌面に浮かびあがらせることができたのだと信じている。

思えば贅沢《ぜいたく》な取材をさせてもらったものだ。ひとりの山びとを対象に絞り、その仕事の内容に応じて毎週のように山中を訪ね、あるいは四季折々に通い続けた。一度だけの取材は、岩手・浄法寺《じょうぼうじ》の漆《うるし》掻き、佐藤春夫さんただひとりで、あとの方々はすべて、最低でも二度以上、場合によっては数年にもおよんだ。山暮らしに興味を持ちながら、ひと付き合いの苦手な私は、数を重ねて訪ねることで彼らの警戒心を解き、信頼をしてもらう以外にすべがなかったからである。

一円の謝礼を払うわけでもなく、執拗に訪れて、ただ仕事の邪魔をするしかなかった私を、彼らはどう見ていたのだろうと、思い返して冷や汗がでる。図々しく飯を食わせてもらい、酒の席に呼ばれ、山中や里の家に泊めてもらったことも数知れない。しかし、彼らと過ごした日々が、いま私のなかで濃密に光をはなち、かけがえのない存在として動かせないものになってしまった。もういいや、と言われそうだが、私は彼らとの付き合いを、これからも続けさせて欲しいと希《ねが》っている。たとえ彼らが、すでに山から離れてしまったとしても、彼らとの交情は私にとって宝であり、まだまだ彼らでなくては知りえない、豊かな山棲みの知恵を教えてもらわなくてはならないからである。

十年の歳月のあいだには、すでに鬼籍に入《い》った方も少なくない。そうした方々への鎮魂をいだきつつ、登場して戴いたすてきな山びとたちに、深くお礼を申し上げます。

おりから各地の山岳で入山規制の問題が起きている。それは私から見れば、山に暮らすひとが少なくなったからである。炭焼きが消え、ゼンマイ採りが消えて、まだそれほどのときが経たないというのに、山に遊ぶひとたちによって山が荒れるなら、入山を封じてしまえばいい、と考えるひとが多いのは、山を知らず、山に背を向けて暮らす世代が増えたからにほかならない。

古代、ヒトは山に暮らした。生活の糧《かて》を得るには、海辺よりも山のほうが住みやすかったからだ。それが弥生時代に稲作がもたらされることによって、ヒトは次第に里に降りていった。文明の発達にともなって、これからも人間はますます山を捨て、保全や管理と称して、機械力で自然を意のままにしようとするだろう。けれどいつかは知らず、科学の最先端を希求するひとびとが増えるにつれて、二極分化のようにして原生の森を生活の糧として見直さなくてはならない時代が必ずくる、と私は固く信じている。

本書に収録した各章は、取材した時系列のままである。したがって、文中に記した情景や年齢なども、あえて取材した当時のままにさせていただいた。背後に流れる膨大な歳月と、山からひとが去っていく時代の変化を汲みとってもらえれば、とてもうれしい。

本書の発行にあたって、多くの尽力を戴いた「つり人社」の若杉隆氏。辛辣にして容赦がなく、それでいて的確な助言と進行の指示をくださった「渓流」編集長の小島一郎氏。とてもすてきなレイアウトと装丁を手がけてくれた竹本晴彦氏。さらには、海のものとも山のものともしれない連載をとりあげ、粘り強く支えてくれながら、ある日、青天の霹靂《へきれき》のように引退宣言を下して姿を消し、どこかの空の下で暮らしているであろう前編集担当の吉川栄一氏に、こころから感謝します。

平成十四年十二月

高桑信一

文庫版のためのあとがき

雑誌「渓流」（つり人社）に、「山に生きる」と題して連載をはじめたのは、奥会津の渓流に足しげく通ったころである。春の奥山で小屋掛けをしてゼンマイを折る里びとと出会ったからだった。すでに山に泊まってゼンマイを乾しあげる仕事は、この国でも希少な存在になっていた。彼らは、のびやかな山中で晴朗に暮らしていたが、いずれ絶えてしまうのは明らかだった。滅びゆく山棲みの人々を描きとめたいと痛切に思った。それが連載の動機である。

以来十年にわたって、さまざまな山の仕事を取材した。その成果を一冊にまとめ、二〇〇二年に同社から上梓《じょうし》したのが『山の仕事、山の暮らし』である。

本書を刊行して、さらに十年の歳月が経つ。当初の狙いは、山中で暮らしながら仕事をする人々だったのが、時の流れにつれて不可能になっていった。山中に暮らすのは、それを願ったからではなく、そうせざるを得なかったからである。歳月を追って車道が奥地に延び、いつしか彼らは、里の家から山の仕事場に通うようになっていた。

それでも、山の仕事は櫛《くし》の歯が欠けるように滅んでいった。まるで、それまで歩いてしかたどり着けなかった山奥の集落が、暮らしに便利なようにと車道が通じたとたん、待っていたかのように集団で街に移転して、生まれ育った村を捨て去るように。

連載と並行して、登山や渓流にかかわる随筆を書き、古道を歩いて書き溜めた文章などを、これまで何冊かの本にさせてもらった。それらのつたない本のなかで、本書が群を抜いて版を重ねたのは、滅びゆくものへの哀惜が共感を呼んだのだと勝手に解釈させてもらっている。あるいはまた、消えゆく山びとの記録として捉えられたのだとしたら、それはそれで書き手冥利《みょうり》につきるのである。

本書を上梓したのち、少し標高を下げて山里に暮らす人々を拾い上げた。それが二〇一〇年にまとめた『希望の里暮らし』（つり人社）で、いわば本書の続編である。山で暮らした人々は、里に希望を求めたはずだと信じて取材を継続したのである。事実、眼差《まなざ》しを変えた向こうに佇む人たちは、清冽《せいれつ》でしなやかな暮らしを営んでいた。そのことに安堵し、いい仕事をさせてもらったと自足している自分がいる。しかし、山と里の乖離《かいり》は明らかであった。それはおそらく、人々が山に背を向けてしまったからである。

山の仕事が絶えたものとして、里の暮らしに目を転じた私は早計だったのかもしれない。街から里へ、里から山へと、グラデーションのようにして営みの連鎖がつづくものと信じていたが、山と里が乖離してしまった以上、山の仕事は、それ自体が独立した存在になってしまった。私が探し求めたのは、里との絆があってはじめて成立する山の仕事であった。けれど、眼差《まなざ》しを山に限定してみれば、また違うものが見えてくる。それは、山岳信仰を支える、数少ない修験者《しゅげんじゃ》の一群であり、送電線の保全や巡視路を守る人々である。薬草を求めて山中に分け入るひともいれば、世を捨てて山に籠り、仙人のような暮らしに甘んじているひともいる。そのような、街の暮らしから隔絶されて見えなくなってしまった山の仕事と暮らしに、ふたたび光を当てて見たいと、いまさらながら思うのである。

残された時間がどれほどあるかをさておけば、意欲が少しずつ満ちてくる。その意欲を支えてくれるのは、これまで取材をさせたもらった山びとたちの存在である。鬼《き》籍《せき》にいった人たちをさておけば、山の仕事が絶えようとも、彼らとはいまだに付き合いが続いている。不意に訪れて酒を呑み、あれこれと語らって往時を懐かしむ。その交歓は、山でこそ育まれたものだ。

彼らの存在が私を生かし、山という一点で互いを了解する。生きざまや暮らしの地平を超えて互いを認め合うのは、介在した山によってである。それを取材に伴う副産物と呼んでいいかはわからない。けれど、山を通じて得た彼らとの交歓は、嬉しくも思いがけない、宝物のような結実である。

本書の文庫本化を私は手放しでよろこんでいる。滅びゆく山の仕事と暮らしが、残映のようにでもいいから、人々に読み継がれてほしいと願うからである。

本書の文庫本化を勧めてくれた山と溪谷社の勝峰富雄氏と、それを快く了解してくれた、つり人社の小野弘氏に感謝します。

高桑信一

二〇一三年如月

本書は、つり人社の月刊「つり人」別冊「渓流」一九九三年夏号～二〇〇二年夏号に連載された「山に生きる」を加筆・修正して、二〇〇二年十二月三十一日に同社より刊行された単行本『山の仕事、山の暮らし』の文庫化です。

ヤマケイ文庫化をご了解いただきましたつり人社に、御礼申し上げます。

文庫化に際しては、写真点数等、再構成しております。

山の仕事、山の暮らし

二〇一三年三月五日　初版第一刷発行
二〇二一年四月二十五日　初版第九刷発行

著　者　高桑信一

発行人　川崎深雪
発行所　株式会社　山と溪谷社
郵便番号　一〇一－〇〇五一
東京都千代田区神田神保町一丁目一〇五番地
https://www.yamakei.co.jp/

■乱丁・落丁のお問合せ先
山と溪谷社自動応答サービス　電話〇三－六八三七－五〇一八
受付時間／十時～十二時、十三時～十七時三十分（土日、祝日を除く）
■内容に関するお問合せ先
山と溪谷社　電話〇三－六七四四－一九〇〇（代表）
■書店・取次様からのお問合せ先
山と溪谷社受注センター　電話〇三－六七四四－一九一九
ファクス〇三－六七四四－一九二七

フォーマット・デザイン　岡本一宣デザイン事務所
印刷・製本　大日本印刷株式会社

定価はカバーに表示してあります

Printed in Japan ISBN978-4-635-04748-7

人と自然に向き合うヤマケイ文庫

加藤則芳
森の聖者 自然保護の父 ジョン・ミューア
「アメリカの自然を救った男」の生涯をたどる

コリン・フレッチャー著／芦沢一洋訳
遊歩大全
1970年代の「バックパッカーのバイブル」を復刊

高桑信一
山の仕事、山の暮らし
失われつつある山に生きる民の暮らしを活写

本山賢司・細田 充・真木 隆
大人の男のこだわり野遊び術
型破りで正しい、個性派アウトドア教則本

辻まこと
山からの絵本
豊かな山の世界を綴った代表的紀行画文集

畦地梅太郎
山の眼玉
「山男シリーズ」の版画家の47編の紀行随筆集

白石勝彦
大イワナの滝壺
難渓に大イワナを求めた源流釣行記

高桑信一
古道巡礼 山人が越えた径
山の暮らしとの関わり深い古道を辿った旅の記録

土屋智哉
ウルトラライトハイキング
シンプルで自然なハイキングスタイルを紹介

芦澤一洋
山女魚里の釣り
風土を見つめ、自然を想う15編の釣り紀行

芦澤一洋
アウトドア・ものローグ
自然と向き合う心と思想を語った82編

松本理恵
山小屋ごはん
山と山小屋、ごはんを作る人を巡る18の物語

芦沢一洋
バックパッキング入門
日本にバックパッキングを紹介した伝説の名著

根深 誠
白神山地マタギ伝 鈴木忠勝の生涯
伝承マタギが語った自然と共生した山の暮らし